Cocktails selbst gemixt

Über 80 klassische und moderne Drinks – von spritzig bis sour

TEXT | FOTOS
DANIEL RICHTER | JÖRN RYNIO

12
HIERBOS

Cocktails: Historie und Typen

Von den ersten gemischten Drinks über den weltweiten Siegeszug des Cocktails bis zur heutigen Trinkkultur

Über die Entstehung der Bezeichnung Cocktail gibt es mehrere Legenden. Bei einer davon geht es um das Ritual, nach einem Hahnenkampf dem unterlegenen Hahn eine Feder aus dem Schwanz (the cock's tail) zu ziehen und darauf mit einem alkoholischen Mischgetränk anzustoßen. Eine andere Version handelt von einem französischsprachigen Apotheker in New Orleans, der seine stärkende Medizin im Eierbecher – auf Französisch coquetier – verabreicht haben soll. Aber die wahre Geschichte werden wir wohl nie erfahren.

Belegt ist allerdings, dass die Vereinigten Staaten von Amerika die Cocktailkultur stark geprägt haben und von dort die Mehrzahl der Cocktailklassiker stammt. Die Prohibition (1919–1933) machte in den USA die meisten Barkeeper arbeitslos. Wer seinem Beruf legal nachgehen wollte, musste sich um einen Job im Ausland bemühen und wurde häufig in einer Hotelbar fündig. So kam es, dass die Barkeeper die Cocktailkultur und das Wissen über die Drinks und ihre Zubereitung in die ganze Welt trugen.

Qualität, Geschmack und Angebot von Spirituosen veränderten sich im Laufe der Zeit stark, ebenso die Vorlieben der Gäste und damit die Cocktailrezepte und Zubereitungsarten. Rezepte aus historischen Cocktailbüchern sind daher oft deutlich anders als die heutigen. Sie sind nicht verkehrt, sondern einfach nicht mehr ganz zeitgemäß. Bei vielen Rezepturen lässt sich ohnehin trefflich über die richtigen Zutaten und Mischungsverhältnisse diskutieren. Seit es den Martini-Cocktail gibt, kursiert zum Beispiel unter seinen Fans die Frage, welche Menge trockenen Wermuts darin genau die richtige ist.

Aperitif-Cocktails sollen den Appetit anregen und die Zeit vor dem Abendessen verkürzen. Viele dieser Drinks gehen in die herb-aromatische Richtung und sind nicht besonders stark.

Kräuterwürzige **Digestifs** sollen nach dem Essen erfrischen oder die Verdauung fördern. Süße und sahnige After-Dinner-Drinks haben hingegen fast den Charakter eines Desserts.

Populäre **Klassiker** mit langer Vergangenheit haben wegen ihres hohen Alkoholgehalts oft ein komplexes Geschmacksprofil und werden daher in kleinen Gläsern gereicht.

Moderne Cocktails sind Neuinterpretationen von traditionellen Rezepten oder Kreationen aus jüngster Zeit. Interessante Zutatenkombinationen machen aus manchen dieser Drinks bestimmt Klassiker der Zukunft.

Highballs werden meist ohne Verwendung von Rührglas oder Shaker direkt im Glas zubereitet und sind deshalb im Nu zu machen: Eiswürfel ins schmale, hohe Glas geben, eine Spirituose als Basis dazu, mit einem kohlensäurehaltigen Füller aufgießen, und der Feierabend kann zum Beispiel mit einem Gin Tonic beginnen.

1

2

3

4

5

6

7

Werkzeug für den Barkeeper

1 | Messbecher

Die Reihenfolge der flüssigen Zutaten ist meist beliebig, aber damit der Drink stets gleich gut schmeckt, sollten Sie sie immer genau abmessen. Die übliche Maßeinheit ist Zentiliter (cl; Hundertstelliter), also 10 ml. Die Amerikaner rechnen in Ounces (1 Unze = 2,8 cl).

2 | Barmesser

Probieren Sie aus, welches Messer Ihnen liegt. Es muss geeignet sein, um Früchte akkurat zu zerteilen und Zesten (Streifen) von der Schale von Zitrusfrüchten abzuschneiden.

3 | Barstößel oder Muddler

Dieses Werkzeug dient zum Stößeln oder »Muddeln« von Obst, Kräutern und Zuckerwürfeln. Bei Früchten drückt man damit den Zucker in die Schale, damit sich die ätherischen Öle daraus mit dem Zucker verbinden.

4 | Shaker

Man unterscheidet zweiteilige Shaker und dreiteilige Cobbler Shaker. Bei letzteren hält ein integriertes Sieb das Eis zurück. Der in Bars übliche Typ ist der Boston Shaker, der aus einem Glas- und einem etwas größeren Edelstahlbecher oder aus zwei verschieden großen Stahlbechern besteht. Seltener ist der Parisian Shaker, der sich ebenfalls aus zwei Metallteilen zusammensetzt.

5 | Rührglas

Im Rührglas mixt man Cocktails meist nur aus Spirituosen, die sich leicht mischen lassen. Eine Ausbuchtung am Rand erleichtert das Ausgießen des Drinks. Besonders für Einsteiger sollte das Rührglas stabil und dickwandig sein.

6 | Barlöffel

Extra fürs Rühren von Cocktails ist der Barlöffel konzipiert. Er fasst etwa so viel wie ein Teelöffel und dient auch zum Abmessen kleiner Zutatenmengen. Längen und Designs gibt es in sehr großer Auswahl. Das Griffende ist bei den meisten Barlöffeln zu einem flachen Stößel verbreitert, mit dem man beispielsweise Minze andrücken oder Zuckerwürfel zerstoßen kann.

7 | Barsiebe / Strainer

Mit einem Sieb trennt man Eis und feste Zutaten vom Drink. Beim Abseihen eines gerührten Drinks ins Glas muss man meist nur Eis auffangen. Dafür dient der **Julep Strainer,** eine kleine Siebkelle. Zum Abseihen geschüttelter Drinks verwendet man das **Hawthorne-Sieb.** Dieses hat am Rand eine flexible Drahtspirale, die sich dem Shaker anpasst. Ein **Teesieb** ist notwendig, um im Cocktail unerwünschte Teilchen etwa von Eis, Früchten oder Kräutern aufzufangen, für die die anderen Siebe zu grob sind.

8 | Spezielles

Weiteres Bar-Equipment sind Zitruspresse, Entsafter, Standmixer, Gewürzreibe und Zestenreißer oder Sparschäler. Der Stab-Milchaufschäumer vermixt Bestandteile von Eiern mit anderen Zutaten. Mit dem Flambierbrenner oder einem Gasfeuerzeug flämmt man einzelne Zutaten. Ein Pumpzerstäuber bringt einen Hauch aromatischer Flüssigkeiten auf den Drink oder den Glasrand, ein Sahnesiphon liefert ein Häubchen Schaum.

1

2

3

4

5

6

7

Praxis: Gerührt oder geschüttelt?

Alle Zutaten sollen intensiv durchgemischt werden, und der Drink soll beim Servieren eiskalt sein. Kohlensäurehaltige Zutaten sollen noch im Glas prickeln, weshalb man sie nie mitschüttelt oder intensiv rührt, sondern zuletzt dazugießt.

Schütteln (»Shaken«) ist die Technik für Cocktails mit weniger leicht mischbaren Zutaten wie Säften, Sahne oder Ei – hier beschrieben für den Boston Shaker: Zuerst die Zutaten in den Glasbecher geben und diesen mit Eiswürfeln bis zum Rand auffüllen. Nun den etwas größeren Metallbecher leicht schräg auf das Glas stülpen, sodass beide Teile auf einer Seite miteinander fluchten, also eine gerade Linie bilden **(Bild 1)**. Dann das Oberteil durch einen leichten Schlag mit dem Handballen auf dem Glas fixieren **(Bild 2)** und den Cocktail intensiv schütteln. Wichtig sind dafür ein fester, hüftbreiter Stand und schwungvolle horizontale Armbewegungen. Das größere Oberteil weist dabei immer zum Gast, damit keine Tröpfchen in dessen Richtung spritzen können **(Bild 3)**. Beim Schütteln wird ein leichter, schaumiger Cocktail voller Luftbläschen angestrebt. Anfänger machen häufig den Fehler, vertikal zu schütteln. Dabei entsteht oft nicht ausreichend Schwung, um die Zutaten so zu vermischen, dass sich genügend Bläschen darin bilden. Je nach Zutaten und Größe der Eiswürfel sollten Sie 10–20 Sek. schütteln, bei schwer vermischbaren Bestandteilen wie Sahne oder Ei etwas länger. Das Eis kühlt die verbliebene Luft im Shaker stark ab und zieht sie zusammen, was im Shaker einen Unterdruck erzeugt. Um beide Teile zu trennen, einfach den Metallbecher am Rand etwas zusammendrücken **(Bild 4)**.

Rühren genügt für die leicht vermischbaren Zutaten klarer klassischer Drinks. Alle Zutaten ins Rührglas geben und dieses zu drei Vierteln mit Eiswürfeln füllen. Den Barlöffel am Balancepunkt etwa bei zwei Dritteln der Länge greifen. Den Löffel locker zwischen den Fingern halten und bis zum Glasboden eintauchen; die Rückseite des Löffels weist zur Glasinnenseite, die hohle Seite zum Eis. Nun den Löffel im Glas kreisen lassen **(Bild 5)**. Die meisten Drinks sind nach etwa 15 Sek. Rühren fertig, wenn nämlich das Glas beschlagen ist. Das Rühren soll alle Zutaten homogen vermischen – miteinander und mit der richtigen Menge Schmelzwasser.

Abseihen trennt nach dem Rühren oder Schütteln das Eis und feste Zutaten vom flüssigen Drink – direkt beim Umfüllen ins gefrostete Trinkglas. Am besten nehmen Sie dieses direkt vor dem Einschenken aus dem Tiefkühlfach. Oder Sie kühlen es à la minute: Mit Eiswasser füllen und umrühren, bis es beschlagen ist. – Der Drink soll klar und frei von Eisstückchen und anderen Partikeln ins Glas kommen. Gerührte Drinks seiht man durch das **Julepsieb,** geschüttelte durch das **Hawthorne-Sieb.** Legen Sie das Sieb auf das Rührglas beziehungsweise den Shaker und halten Sie es mit dem Zeigefinger Ihrer starken Hand fest, sodass Sie in einer flüssigen Bewegung den Drink ins Glas gießen können **(Bild 6)**. Um kleinteilige Zutaten und Eissplitter aufzufangen, seihen Sie Drinks aus dem Shaker doppelt ab: Die eine Hand hält das Shakerteil mit dem Hawthorne-Sieb darauf, die andere das **Teesieb** über dem Trinkglas, bevor Sie den Drink einschenken **(Bild 7)**.

1

2

3

4

5

6

7

Immer stilgerecht: die wichtigsten Glasformen

Drei Glastypen für den Start in die Cocktailwelt – und vier zusätzliche on top

1 | Weißweinglas

Von Form und Größe her eignet sich das Weißweinglas für Aperitifs wie zum Beispiel Aperol Spritz. Aus einer kleineren, bauchigen Variante trinkt man in Südeuropa auch den Gin Tonic. Es empfehlen sich zwei Größen: ein kleineres mit etwa 140 ml und ein normal großes mit 250 ml.

2 | Champagnertulpe

Für die meisten Cocktails, die mit Champagner aufgefüllt werden, eignet sich am besten eine Champagnertulpe mit etwa 150 ml Inhalt. Die Verengung zum Rand hin bringt das Bouquet des Champagners unter der Nase zur Entfaltung.

3 | Highball- oder Longdrinkglas

In diesen schlanken, großen Gläsern serviert man meist durstlöschende, erfrischende Drinks, die aus einer Spirituose und einem Füller bestehen. Zum Auffüllen dienen Fruchtsäfte oder auch kohlensäurehaltige Erfrischungsgetränke wie Tonic Water, Cola oder Ginger Ale. Der Alkohol wird stärker verdünnt als bei Cocktails in den anderen Glastypen. Zu diesem Zweck passen viele Eiswürfel und viel Flüssigkeit hinein. Zu empfehlen sind Größen von 250 und 350 ml.

4 | Coupetteglas und Cocktailglas

In aller Regel serviert man im kleinen Coupetteglas und im etwas größeren Cocktailglas Shortdrinks ohne Eis. Daher fassen sie nur zwischen 100 und 160 ml. Beim Trinken hält man das Glas am Stiel, um den Drink nicht anzuwärmen.

5 | Old-Fashioned- oder Whiskeyglas / Tumbler

In diesen schlichten Glastyp seiht man häufig Drinks auf Eis ab. Oder man bereitet sie direkt darin zu. Es hat eine kompakte Form und keinen Stiel. Tumbler sind in verschiedenen Größen erhältlich. Praktisch ist es, sowohl eine kleinere Variante mit 200 ml als auch eine größere mit 300 ml zu haben.

6 | Martinikelch

Die Kelchform steht für eine ganze Ära und ist bis heute der bekannteste Typ Cocktailglas. Unabhängig vom Rezept nannte man eine Weile jeden Drink, der in so einem Glas serviert wurde, einen Martini. Vielleicht gibt es auch deshalb Martinigläser in sehr vielen Größen. Für unsere Cocktails empfiehlt sich ein kleinerer Kelch mit etwa 120 ml.

7 | Nick & Nora Glas

Diese Glasform ist nach den Protagonisten der Filmserie »The Thin Man« aus den 1930er- und 1940er-Jahren benannt. Die Helden Nick und Nora Charles lösten ihre Kriminalfälle gemeinsam und becherten dabei ordentlich. Cocktails, die sonst in Martini- oder Coupettegläsern serviert werden, passen meist auch sehr gut in dieses Glas. Eine Größe von 100–130 ml ist ideal.

Zum Frosten oder Vorkühlen der Gläser siehe Seite 9.

Ice, Ice, Baby!

Für jeden Drink parat: tiefgekühltes Eis in der richtigen Form und bester Qualität

Das Schmelzwasser wird zum Bestandteil jedes Cocktails, weshalb man besonderen Wert auf die Frische und die Wasserqualität legen sollte. Wenn Ihr Leitungswasser einwandfrei ist und Ihnen gut schmeckt, spricht nichts dagegen, es für Ihr Eis zu verwenden. Anderenfalls wählen Sie ein stilles Flaschenwasser mit neutralem Geschmack. Das Eis sollten Sie immer in einem separaten Tiefkühlfach lagern. Dieses vor dem Füllen gründlich reinigen, denn Eis nimmt die Gerüche der Umgebung schnell an und schmeckt dann danach. Deshalb kann man Eis auch tiefgekühlt nicht unbegrenzt aufbewahren, sondern sollte es immer wieder frisch herstellen oder kaufen (Supermarkt oder Tankstelle).

Verschiedene Stile und Zubereitungsarten von Drinks verlangen Eis in verschiedenen Formen.

Eiswürfel fürs Rühren und Schütteln von Drinks sind meist 3 × 3 cm groß und sollten massiv sein, also keinen Hohlraum aufweisen.

Zerstoßenes Eis (Crushed Ice) hat wegen der vielen kleinen Teile eine große Oberfläche und schmilzt schnell. Bis zur Verwendung sollten Sie es im Tiefkühlfach aufbewahren, da es angetaut leicht zu viel Schmelzwasser an den Cocktail abgibt. Zerstoßenes Eis friert leicht zu Brocken zusammen. Um sie zu zerkleinern, schlagen sie die geschlossene Plastikpackung mehrmals kräftig auf die Arbeitsfläche. Sollten Sie gerade kein Crushed Ice zur Hand haben, können Sie Eiswürfel selbst zerkleinern. Dafür gibt es spezielle Eiscrusher zu kaufen. Allerdings sind viele dieser Geräte von minderer Qualität. Ein leistungsstarker Standmixer tut's auch und kann Ihnen auch sonst gute Dienste leisten.

Eisbälle & Co. sind bereits Standard in vielen Bars. Sie lassen sich wunderbar in Silikonformen (Bezugsadressen s. S. 126) auch zu Hause herstellen, passen genau zum Glas und werten den Cocktail optisch auf. Stecken Sie die beiden Teile der Form aufeinander und füllen Sie sie mit Wasser. Dann ins Tiefkühlfach stellen und über Nacht tiefkühlen. Nehmen Sie die Formen rechtzeitig aus der Kälte und lassen Sie die Eisbälle vor Verwendung ein paar Minuten in der geschlossenen Form; sonst können wärmebedingte Risse entstehen. Die Eiskugel hat von der Optik abgesehen auch einen echten Nutzen: Sie gibt ihr Schmelzwasser langsamer an den Cocktail ab als Eiswürfel oder zerstoßenes Eis. Das verlängert spürbar die Zeit, in der Sie den Drink unverwässert genießen können.

Eisblöcke in kristallklarer Qualität lassen sich ebenfalls zu Hause herstellen. Einfach stilles Mineralwasser oder Leitungswasser in einen passenden Behälter (Plastikbox mit Deckel) füllen, diesen in eine verschließbare mit Wasser gefüllte Styroporbox geben und über Nacht ins Tiefkühlfach stellen. So gefriert das Wasser ganz langsam zu einem glasklaren Eisblock. Mit einem »Eispickel« oder einem kleinen Stemmeisen lassen sich daraus schöne Stücke Eis formen, die genau zur Größe des jeweiligen Glases passen.

Saure Aromaspender: Zitrone, Limette, Orange & Co.

Zitrusfrüchte verleihen Cocktails Frische, Textur und vielfältige Aromen

Beim Früchteeinkauf zählt natürlich erst einmal die Frische, Zitrusfrüchte sind aber zum Glück relativ haltbar. Frucht ist nicht gleich Frucht; es kommt darauf an, wofür Sie sie brauchen. Zum Entsaften sollte die Frucht schwer und dünnschalig sein. Sie enthält dann mehr Saft und lässt sich besser auspressen. Für die Deko verwendet man Früchte mit dicker, farbintensiver, großporiger Schale, die mehr ätherische Öle enthält.

Schon weil in Drinks oft die Schale von Zitrusfrüchten zur Zutat wird (s. auch Tipp S. 77) sollte immer heiß abgewaschene Bio-Ware verwendet werden. Wachsreste oder gar Pestizide sind ein absolutes No-Go für die edlen Cocktails. Zitrus- und alle anderen Südfrüchte sind in Größe, Saftmenge und Preis starken saisonalen Schwankungen unterworfen. An der Qualität sparen sollten Sie aber in keinem Fall.

In aller Regel sollten die Zitrussäfte für Cocktails frisch gepresst sein. Ihre Qualität verändert sich schnell und fällt nach 12 Std. deutlich ab. Wer viele Drinks machen will, sollte den Saft vorab pressen und gleich durch ein Teesieb gießen.

Wie viel Saft pro Frucht?

Sorte	Saftmenge (etwa)	
Grapefruit	200 ml	20 cl
Limette	30 ml	3 cl
Orange	90 ml	9 cl
Zitrone	45 ml	4,5 cl

Ob Zitrusfrüchte, Apfel, Ananas oder Birne – Saft aus der Flasche reicht nie an die Qualität von frisch gepresstem heran, und viele Rezepte verlangen als Struktrugeber und wegen des Mundgefühls eine kleine Menge äußerst fein gefiltertes Fruchtfleisch im Drink. Außerdem kann der Zuckergehalt eines gekauften Fruchtsaftkonzentrats die Balance Ihres Cocktails zum Kippen bringen. Sollten einmal wirklich keine frischen Säfte zu organisieren sein, kaufen Sie Sorten mit möglichst viel Fruchtgehalt.

Zitrussäure und -aroma können auch von exotischeren Sorten kommen. Ursprünglich asiatische Sorten wie **Buddha's Hand, Kumquats** oder **Yuzu** haben ihre aromatischen und optischen Reize – wenn man sie denn ergattern kann.

Flüssige Produkte zum Säuern

Shrubs sind essiggesäuerte Fruchtsirupe und bestehen aus Früchten, einer Sorte Essig und Zucker. Von Rotweinessig bis Aceto balsamico ist alles möglich.
Verjus wird durch Pressen unreifer Trauben gewonnen und weist je nach Rebsorte, Lage und Verarbeitung völlig unterschiedliche Säurestrukturen auf. Dem Verjus wird eine eher magenschonende Säure nachgesagt.
Sherry wie beispielsweise Manzanilla oder Oloroso, die eine frische, weinige Säure mitbringen, können einem Cocktail eine leicht saure, mineralische Note verleihen.

Zuckersirup

neutrale Süße pur

Für ca. 500 ml Sirup in einem kleinen Topf **450 g Zucker** zusammen mit 250 ml Wasser erhitzen, aber nicht aufkochen. Mit einem Löffel rühren, bis der Zucker komplett gelöst ist. Den Topf vom Herd nehmen und den Zuckersirup auskühlen lassen. Dann in eine sterilisierte Flasche füllen. Kühl und dunkel gelagert, hält er sich ca. 8 Wochen. Wenn Sie etwas Alkohol wie zum Beispiel Wodka (neutraler Geschmack) in den fertigen Sirup mischen, verlängert sich die Haltbarkeit.

Clever gemacht

Zum **Sterilisieren** die Flasche mit kochendem Wasser füllen, nach ca. 5 Min. ausleeren und innen gut trocknen lassen. Deckel oder Verschlüsse ca. 5 Min. auskochen.

Himbeersirup

berry-sweet

Für ca. 500 ml Sirup **250 g frische Bio-Himbeeren** kalt abbrausen und im Mixer pürieren. Püree durch ein feines Sieb streichen. In einem kleinen Topf aus 200 ml Wasser und **200 g Zucker** einen Zuckersirup herstellen. Ist der Zucker vollständig gelöst, das Himbeerpüree zum Sirup geben und aufkochen. Schaum gegebenenfalls abschöpfen. Den Himbeersirup nochmals durch das feine Sieb gießen, auskühlen lassen und in eine sterilisierte Flasche füllen. Kühl und dunkel gelagert, hält er sich ca. 3 Wochen. Vor Verwendung schütteln.

Rosmarinsirup

Weihraucharoma

Für ca. 500 ml Sirup **4 kräftige Rosmarinzweige** kurz in kochendes Wasser tauchen (blanchieren) und in Eiswasser abschrecken; sonst wird der Sirup in kurzer Zeit bräunlich und trüb. Die Rosmarinnadeln abstreifen und zusammen mit **450 g Zucker** in 220 ml Wasser unter Rühren erhitzen (nicht aufkochen) und den Zucker vollständig auflösen, dann bei schwacher Hitze ca. 10 Min. ziehen lassen. Topf vom Herd nehmen und den Sirup abkühlen lassen. Dann durch ein Haarsieb gießen und in eine sterilisierte Flasche füllen. Kühl und dunkel gelagert, hält er sich ca. 8 Wochen.

Honigsirup

Blütentraum

Für ca. 600 ml Sirup **500 g Blütenhonig** (am besten flüssigen) unter Rühren in 180 ml heißem Wasser auflösen. Den Honigsirup auskühlen lassen und in eine sterilisierte Flasche füllen. Dunkel und kühl lagern. Wie Honig selbst ist auch der Sirup fast unbegrenzt haltbar.

Clever gemacht

Bevor Sie Sirup herstellen, sollten Sie auf jeden Fall den **Honig kosten,** damit Ihnen der Sirup schmeckt. Mit den vielen Sorten im Handel können Sie beliebig experimentieren. Waldhonig ist für Cocktailzwecke in der Regel zu dunkel. Je nach der Struktur des Honigs lassen sich 2–3 Gewichtsteile davon mit 1 Teil heißem Wasser verbinden.

Ananas-Honig-Pfeffer-Sirup

exotisch, süß, scharf

Für ca. 500 ml Sirup **500 g Blütenhonig** in 170 ml heißem Wasser auflösen. Das **Fruchtfleisch von 1 Ananas** grob zerkleinern und zusammen mit **50 rosa Pfefferbeeren** im Standmixer fein zermusen. Mit dem Honigsirup mischen und zugedeckt über Nacht ziehen lassen. Dann durch ein Teesieb geben und den Sirup in eine sterilisierte Flasche füllen. Kühl und dunkel gelagert, hält er sich ca. 4 Wochen. Vor Verwendung jeweils schütteln.

Clever informiert

Bei **Rosa Pfefferbeeren** handelt es sich um die Früchte des brasilianischen oder peruanischen Pfefferbaums, der mit dem »echten« Pfefferstrauch nicht verwandt ist.

Balsamico-Sirup

süßsauer

Für ca. 600 ml Sirup **250 g Zucker** und 250 ml Wasser in einem Topf erhitzen, jedoch nicht aufkochen. Umrühren und die Zuckerkristalle komplett auflösen, dann den Herd ausschalten. **250 ml dunklen Aceto balsamico** guter Qualität dazugießen, nochmals umrühren und den Topf vom Herd nehmen. Den Balsamico-Sirup abkühlen lassen und in eine sterilisierte Flasche füllen. Kühl und dunkel gelagert, hält er sich ca. 6 Wochen. Vor Verwendung jeweils schütteln.

Zitronenwodka

ein Schuss frische Säure

Für ca. 700 ml Zitronenwodka **4 Bio-Zitronen** heiß waschen und abtrocknen. Schalen sehr dünn abschneiden oder fein abreiben; möglichst ohne weiße, bittere Innenschale (Früchte anderweitig verwenden). Die Schalen zusammen mit **0,7 l Wodka** in Schraubgläser geben und verschlossen 1 Woche ziehen lassen. Ab und zu kosten, um die Reife festzustellen. Hat der Wodka das gewünschte Aroma, diesen fein durchsieben und in eine saubere Flasche füllen. Er ist fast unbegrenzt haltbar.

Clever gemacht

Kräuter, Gewürze, Früchte oder Nüsse in Alkohol geben diesem mit der Zeit ihre Aromen. Das dauert zwischen einer Stunde und mehreren Wochen. Da Naturprodukte Qualitätsschwankungen unterliegen, **immer wieder kosten** und den Reifegrad prüfen.

Orange Bitters

herbe Zitruswürze

Für ca. 250 ml Bitters **2 Bio-Orangen** heiß waschen und abtrocknen. Schalen dünn abheben und mit **15 g gehackter getrockneter Orangenschale** (Fertigprodukt), **¼ TL gemahlener Enzianwurzel** (Internetversand), **2 Gewürznelken, 40 Koriandersamen, 8 Pimentkörnern, 4 gemörserten Kardamomkapseln** und **250 ml Wodka** in einem dicht verschraubten Glas 2 Wochen im Dunkeln ziehen lassen und ab und zu schütteln. Abseihen, in eine saubere Flasche füllen. Den Siebinhalt mit 150 ml Wasser aufkochen, 10 Min. köcheln, dann abkühlen lassen. Alles im Schraubglas knapp mit Wasser bedecken. Verschließen, 1 Woche ziehen lassen, ab und zu schütteln. Glasinhalt fein abseihen und mit dem Wodka mischen. In saubere Fläschchen füllen. Fast unbegrenzt haltbar.

Maraschino-Kirschen

homemade am besten

Für ca. 500 g Cocktailkirschen **35 ml frisch gepressten Zitronensaft, 1 Zimt-** und **½ Vanillestange** mit **75 g Zucker** in 125 ml Wasser ca. 15 Min. köcheln lassen. **500 g Kirschen** waschen, entsteinen, dazugeben und 5 Min. bei geringer Hitze ziehen lassen, dann vom Herd nehmen, **30 ml Maraschino** (Kirschlikör), **150 ml Brandy** sowie **25 ml Allspice** (z. B. The Bitter Truth Pimento Dram Liqueur) einrühren. Zimt- und Vanillestange entfernen, die Kirschen in sterilisierte Schraubgläser füllen und mit der Flüssigkeit bedecken. Die Gläser dicht verschließen. Mehrere Monate haltbar.

Clever gemacht

Die üblichen fertig gekauften **Cocktailkirschen** sind künstlich gebleicht, gefärbt und völlig übersüßt.

Tonka-Kirsch-Espuma

bar goes molecular

Für ca. 250 g Espuma **250 ml Sauerkirschsaft** aufkochen und auf 200 ml reduzieren. **¾ fein geriebene Tonkabohne** einrühren. Vom Herd nehmen und auskühlen lassen, dann durch ein Passiertuch seihen und wieder in den Topf geben. **¼ TL Xanthan** (Geliermittel; Internetversand) mit dem Pürierstab untermixen. Die Mischung in einen Sahnesiphon (500 ml) füllen und diesen mit **2 Siphon-Gaskapseln** laden; dazwischen und danach stark schütteln. Siphon mindestens 30 Min. kalt stellen. Vor Verwendung das Espuma stark aufschütteln.

Clever informiert

Für einen **Espuma** (span. »Schaum«) schäumt man Flüssigkeiten oder eine »verflüssigte Speise« im Siphon auf. Der Starkoch Ferran Adrià hat die Technik für seine »Molekularküche« entwickelt.

Die Cocktailparty vorbereiten, mit den Gästen relaxen

Fertige Drinks: Jeder hat fix seinen Cocktail – und Sie Zeit für Ihre Gäste

Haben Sie viele Gäste, kann es hektisch werden, wenn alle gleichzeitig ihren Cocktail möchten. Aber einige Drinks lassen sich gut vorgemischt bereithalten. Am besten eignen sich Rezepte mit viel Zucker und ohne Zitrussaft, welche mit Eiweiß oder Sahne hingegen gar nicht. Ideal sind gerührte Drinks, denn alle geschüttelten müssen direkt vor dem Genuss frisch zubereitet werden. Mischen Sie die Zutaten und füllen Sie den Drink in eine saubere Flasche. Bitters vorsichtig dosieren, weil sie in der Zeit bis zur Party noch etwas intensiver werden.

White Boulevardier

Für 8 Personen (ca. 1 l) | **400 ml weißen Rye Whiskey** (farbloser Roggenwhiskey), **je 250 ml Suze Bitterlikör und Cocchi Americano** (italienischer Weinaperitif) und 100 ml Wasser in einer sauberen Literflasche kräftig schütteln und mindestens 1 Std. kühlen. – Für einen Drink ein gefrostetes Old-Fashioned-Glas mit **Eiswürfeln** füllen und 125 ml Mischung aus der Flasche darübergießen. Umrühren und **1 Bio-Zitronenzeste** über dem Drink mehrere Male knicken, sodass die ätherischen Öle hineinsprühen.

Ideal für stressfreies Feiern zu Hause sind auch **Punches.** Wie bei einer Bowle können sich die Gäste selbst bedienen, was den Kontakt fördert. Da man Punches in großen Schalen anbietet und sie über längere Zeit konsumiert werden, kühlen Sie sie mit einem einzelnen Eisblock, der sein Schmelzwasser langsam genug abgibt, um den Punch nicht zu verwässern.

Pimm's Punch

Für 8 Personen (ca. 1 l) | ¼ **Salatgurke** und **1 Apfel** waschen. **Je 1 Bio-Orange** und **-Zitrone** heiß waschen. Alles in dünne Scheiben schneiden, vom Kerngehäuse und Kernen befreien. Ca. **20 Minzeblätter** kalt abspülen. Diese sowie Gurke und Obst bis auf einen Teil für die Deko in der Punch-Schale mit dem Barstößel andrücken. **500 ml Pimm's No. 1** dazugießen, alles mindestens 1 Std. kalt stellen. – Vor dem Servieren **400 ml eiskaltes Mineralwasser mit Kohlensäure** und **600 ml eiskaltes Ginger Ale** dazugießen, kurz umrühren und **1 Eisblock** hineinsetzen. – Zum Servieren gefrostete Highball-Gläser mit **Eiswürfeln** füllen, Punch dazugießen. Mit Gurke, Obst und Minze garnieren.

Alkoholfreie Sangría

Für 8 Personen (ca. 2,5 l) | **2 Beutel schwarzen Tee** und **2 Zimtstangen** mit 500 ml kochendem Wasser aufbrühen und 5 Min. ziehen lassen. Dann die Teebeutel entfernen und **100 g feinen Zucker** einrühren und auflösen. Den Zimt-Tee in eine ca. 3 l große Punch-Schale oder Karaffe gießen und mit **750 ml Granatapfelsaft** sowie **250 ml frisch gepresstem Orangensaft** mischen. **Je 1 Apfel, Bio-Orange, -Zitrone** und **-Limette** heiß waschen, in Scheiben schneiden und ohne Kerngehäuse und Kerne dazugeben. Die Sangría ca. 2 Std. kalt stellen. – Kurz vor dem Servieren mit **Eiswürfeln** und **750 ml eiskaltem Mineralwasser mit Kohlensäure** auffüllen, kurz umrühren. Rotweingläser und Eiswürfel bereitstellen.

APERITIFS UND LEICHTERE DRINKS

Ein Aperitif soll beschwingt den Feierabend einläuten, die Zeit bis zum Abendessen verkürzen und den Appetit anregen. Er soll keinesfalls satt machen, sondern im Gegenteil die Geschmacksnerven für das bevorstehende Essen stimulieren. Dabei hilft es, dass die meisten Aperitifs nicht allzu viel Alkohol enthalten, weshalb man auch mal zwei davon genießen darf.

Gin Fizz

ein geschüttelter Gin Sour mit Zisch

Für 1 Highball-Glas (200 ml)

5 cl Gin
3 cl frisch gepresster Zitronensaft
2 cl Zuckersirup (s. S. 16)
eiskaltes Mineralwasser mit Kohlensäure und hohem Natriumgehalt

Für die Deko:

1 große Bio-Zitronenzeste

Außerdem:

Cocktailshaker
Eiswürfel
Hawthorne-Sieb
Teesieb
Barlöffel

1 Gin, Zitronensaft und Zuckersirup in den Shaker geben. Diesen mit Eiswürfeln auffüllen, verschließen und sofort ca. 15 Sek. kräftig schütteln.

2 Das gefrostete Highball-Glas mit Eiswürfeln füllen. Das Hawthorne-Sieb auf den Shaker setzen und dessen Inhalt durch das Teesieb in das Glas gießen.

3 Das Glas mit dem Mineralwasser auffüllen und den Drink mit dem Barlöffel kurz umrühren. Die Zitronenzeste über dem Glas mehrere Male knicken, sodass die ätherischen Öle in den Drink sprühen. Die Zeste mit ins Glas geben und den Cocktail sofort servieren.

Clever variieren

Mit **Eiweiß** wird der Drink deutlich cremiger und bekommt eine Schaumkrone. Dafür ½ sehr frisches Eiweiß (M) zusammen mit Gin, Zitronensaft und Zuckersirup (ohne Eis) in den Shaker geben. Diesen verschließen und ca. 30 Sek. kräftig schütteln. Alternativ mit dem Stab-Milchaufschäumer im Shaker eine homogene Emulsion herstellen. Anschließend den Shaker mit Eiswürfeln auffüllen, verschließen und sofort ca. 15 Sek. kräftig schütteln. Weiter verfahren wie oben ab Step 2 beschrieben.

Negroni

stark, bitter und süß – der toskanische Klassiker

Für 1 Old-Fashioned-Glas (200 ml)

3 cl Gin
3 cl Campari
3 cl süßer Wermut

Für die Deko:

1 Bio-Orangenzeste (ersatzweise ½ Bio-Orangenscheibe)

Außerdem:

Eiswürfel
Barlöffel

1 Das gefrostete Old-Fashioned-Glas mit Eiswürfeln füllen. Gin, Campari und Wermut darübergießen und mit dem Barlöffel umrühren.

2 Die Orangenzeste über dem Glas mehrmals knicken, sodass die ätherischen Öle in den Drink sprühen, und die Zeste mit ins Glas geben. Alternativ die Orangenscheibe zum Drink geben. Den Cocktail sofort servieren.

Variante: Americano

Für 1 Old-Fashioned-Glas (200 ml) | Das gefrostete Glas mit **Eiswürfeln** füllen. **3 cl Campari** und **3 cl süßen Wermut** darübergießen und mit dem Barlöffel umrühren. Mit eiskaltem **kohlensäurehaltigem Mineralwasser** auffüllen und nochmals kurz umrühren. **1 Orangenzeste** über dem Glas mehrmals knicken, sodass die ätherischen Öle hineinsprühen, und die Zeste mit ins Glas geben. Alternativ **½ Orangenscheibe** dazugeben. Den Cocktail sofort servieren.

Clever informiert

Der **Negroni** hat bittere Drinks wieder beliebt gemacht. Er besteht ausschließlich aus Spirituosen und hält dennoch perfekt die Balance zwischen stark, bitter und süß. Im Gegensatz zu den meisten Klassikern ist der Negroni keine Erfindung aus den USA, sondern aus Europa. Ein Stammgast namens Camillo Negroni trank im damaligen Caffè Casoni in Florenz regelmäßig den Americano. Doch eines Tages im Jahre 1920 fragte er den Bartender Fosca Scarselli nach etwas Stärkerem. Dieser ersetzte das Soda im Americano kurzerhand durch Gin, und der Negroni war geboren.
In Mailand, übrigens Sitz der Firma Campari, wurde in den 1950er-Jahren in der Bar Basso ein erfrischender »Twist« (Abwandlung) des Americano erfunden: der **Negroni Sbagliato.** Bei diesem »falschen« Negroni wird statt Wasser Prosecco verwendet.

French 75

edler Gin Sour mit Champagner

Für 1 Champagnertulpe (150 ml)

3 cl Gin
1,5 cl frisch gepresster Zitronensaft
1 cl Zuckersirup (s. S. 16)
eiskalter trockener Champagner zum Auffüllen (ersatzweise Prosecco)

Für die Deko:

1 Bio-Zitronenzeste

Außerdem:

Cocktailshaker | Eiswürfel
Hawthorne-Sieb | Teesieb

1 Gin, Zitronensaft und Zuckersirup in den Shaker geben. Diesen mit Eiswürfeln auffüllen, verschließen und sofort ca. 15 Sek. kräftig schütteln. Hawthorne-Sieb auf den Shaker setzen, den Inhalt durch das Teesieb in die gefrostete Champagnertulpe gießen.

2 Das Glas mit dem Champagner auffüllen. Die Zitronenzeste über dem Drink mehrmals knicken, sodass die ätherischen Öle in den Drink sprühen. Die Zeste mit ins Glas geben und den Cocktail sofort servieren.

Clever informiert

Der French 75 ist benannt nach einer französischen Kanone, die im Ersten Weltkrieg zum Einsatz kam. Während man früher französischen Cognac für den French 75 verwendet hat, trifft Gin heutzutage eher den Geschmack der Zeit.

Bellini

belebender Aperitif für Sommerabende im Freien

Für 1 Champagnertulpe (150 ml)

3 cl weißes Weinbergpfirsichpüree
(s. Tipp unten)
eiskalter Prosecco zum Auffüllen

Außerdem:

Barlöffel

1 Das Pfirsichpüree in die gefrostete Champagnertulpe geben und diese etwa bis zur Hälfte mit Prosecco füllen.

2 Den Drink mit dem Barlöffel umrühren, dann das Glas mit Prosecco bis zum Rand auffüllen und nochmals kurz umrühren. Sofort servieren.

Clever variieren

Für alkoholfreien Bellini können Sie statt Prosecco eiskalten **alkoholfreien Prosecco** verwenden.

Clever vorbereiten

Für ca. 0,3 l **Weinbergpfirsichpüree** 4 reife weiße Plattpfirsiche kurz überbrühen, dann halbieren, häuten und entsteinen. Das Fruchtfleisch in den Standmixer oder einen hohen Rührbecher geben und nach Belieben etwas Zuckersirup hinzufügen, dann fein pürieren. Falls Sie das Püree nicht sofort verwenden, frisch gepressten Saft von 1 Zitrone einrühren und das Püree zugedeckt bis zu 1 Tag im Kühlschrank lagern. – Feinkostläden bieten unbehandeltes weißes Pfirsichpüree in guter Qualität tiefgefroren an.

Aperol Sour

der große Bruder des Aperol Spritz

Für 1 Weißweinglas (250 ml)

6 cl Aperol
3 cl frisch gepresster Zitronensaft
3 cl frisch gepresster Orangensaft
1 cl Zuckersirup (s. S. 16)

Für die Deko:

1 Bio-Orangenzeste

Außerdem:

Cocktailshaker | Eiswürfel
Hawthorne-Sieb | Teesieb

1 Aperol, Zitronen- und Orangensaft sowie den Zuckersirup in den Shaker geben. Diesen mit Eiswürfeln auffüllen, verschließen und sofort ca. 15 Sek. kräftig schütteln.

2 Das gefrostete Weißweinglas etwa zur Hälfte mit Eiswürfeln füllen. Das Hawthorne-Sieb auf den Shaker setzen und dessen Inhalt durch das Teesieb in das Glas gießen.

3 Die Orangenzeste über dem Glas mehrere Male knicken, sodass die ätherischen Öle in den Drink sprühen. Die Zeste mit ins Glas geben und den Cocktail sofort servieren.

Clever alkoholfrei

Für einen **alkoholfreien Sanbitter Sour** mit dem Barlöffel die Kohlensäure aus 6 cl San Bitter (alkoholfreier italienischer Aperitif) rühren und diesen anstelle von Aperol verwenden.

White Port Tonic

ein Halbstarker im Vergleich zum Gin Tonic

Für 1 Highball-Glas (350 ml)

5 cl weißer Portwein
eiskaltes Tonic Water zum Auffüllen
1 Spritzer Grapefruit Bitters
(z. B. The Bitter Truth)

Für die Deko:

1 Bio-Grapefruit-Zeste
1 Bio-Zitronenzeste

Außerdem:

Eiswürfel
Barlöffel

1 Das gefrostete Highball-Glas mit Eiswürfeln füllen und den weißen Portwein darübergießen. Mit eiskaltem Tonic Water auffüllen und mit Grapefruit Bitters verfeinern. Mit dem Barlöffel kurz umrühren.

2 Die Grapefruit- und die Zitronenzeste über dem Glas mehrere Male knicken, sodass die ätherischen Öle in den Drink sprühen. Die Zesten mit ins Glas geben und den Cocktail sofort servieren.

Adonis Cocktail

der Schönling, der Aphrodite verführt – mit Sherry

Für 1 Coupetteglas (120 ml)

6 cl trockener Sherry (Fino oder Manzanilla)
3 cl süßer Wermut (z. B. Carpano Antica Formula)
2 Spritzer Orange Bitters (s. S. 18)

Für die Deko:

1 Bio-Orangenzeste

Außerdem:

Rührglas
Eiswürfel
Barlöffel
Julep-Sieb

1 Sherry, Wermut und Orange Bitters in das Rührglas geben. Reichlich Eiswürfel dazugeben und mit dem Barlöffel umrühren, bis das Glas beschlagen ist.

2 Inhalt des Rührglases durch das Julep-Sieb in das gefrostete Coupetteglas gießen.

3 Die Orangenzeste über dem Glas mehrmals knicken, sodass die ätherischen Öle in den Drink sprühen. Den Cocktail mit der Zeste dekorieren und sofort servieren.

Clever variieren

Mit einem kräftigeren **Oloroso-Sherry** schmeckt dieser Cocktail ebenfalls hervorragend. Allerdings sollte dann die gleiche Menge süßer Wermut verwendet werden, also von beidem je 4,5 cl.

Bamboo Cocktail

Urahn der japanischen Cocktails

Für 1 Coupetteglas (120 ml)

4,5 cl Sherry Fino
4,5 cl trockener Wermut
1 TL Zuckersirup (s. S. 16)
2 Spritzer Angostura Bitters
2 Spritzer Orange Bitters (s. S. 18)

Für die Deko:

1 Bio-Orangenzeste

Außerdem:

Rührglas
Eiswürfel
Barlöffel
Julep-Sieb

1 Sherry, Wermut und Zuckersirup sowie Angostura und Orange Bitters in das Rührglas geben. Reichlich Eiswürfel dazugeben und mit dem Barlöffel umrühren, bis das Glas beschlagen ist.

2 Inhalt des Rührglases durch das Julep-Sieb in das gefrostete Coupetteglas gießen.

3 Die Orangenzeste über dem Glas mehrmals knicken, sodass die ätherischen Öle in den Drink sprühen. Die Zeste ins Glas geben und den Cocktail sofort servieren.

KLASSIKER

Es gibt eine ganze Galerie traditioneller Cocktails, darunter wahre Berühmtheiten, deren Charakter den Publikumsgeschmack ihrer Zeit erfolgreich getroffen hat. Einzelne Drinks prägten sogar die Trinkkultur einer ganzen Ära. Manche hatten den Zenit ihrer Popularität vor 100 Jahren, andere sind noch heute in Mode. Sie schmecken nach mehr als der Summe ihrer Zutaten, und allesamt sind sie Klassiker.

1
2
3

Margarita

wohl der bekannteste Tequiladrink der Welt

Für 1 Old-Fashioned-Glas (140 ml)

6 cl weißer Tequila
2 cl Orangenlikör (am besten Triple Sec)
2 cl frisch gepresster Limettensaft

Für die Deko:

2 EL mittelgrobes Meersalz
1 Limettenschnitz
1 Bio-Limettenachtel (nach Belieben)

Außerdem:

Untertasse
Cocktailshaker
Eiswürfel
Hawthorne-Sieb
Teesieb

1 Für den Salzrand am Glas das Meersalz auf die Untertasse häufen. Den Rand des noch ungekühlten Old-Fashioned-Glases außen mit dem Limettenschnitz ca. 1 cm breit anfeuchten. Den Glasrand im Salz drehen; dabei ca. 4 cm frei lassen (**Bild 1**), damit man beim Nippen den Geschmack variieren kann. Loses Salz abschütteln und das Glas ins Tiefkühlfach stellen.

2 Für den Cocktail Tequila, Orangenlikör und Limettensaft in den Shaker geben. Diesen mit Eiswürfeln auffüllen, fest verschließen und sofort ca. 15 Sek. kräftig schütteln. Das Hawthorne-Sieb auf den Shaker setzen und dessen Inhalt durch das Teesieb in das gefrostete Old-Fashioned-Glas mit Salzrand gießen (**Bild 2**).

3 Nach Belieben 1 Limettenachtel an den Glasrand stecken (**Bild 3**). Den Cocktail sofort servieren.

Clever informiert: Agavenbrände

Die vielseitig verwendbare Agave wird seit mehr als 8 000 Jahren in Mittelamerika angebaut – unter anderem als Heilpflanze. Die spanischen Eroberer brachten die Brennkunst aus Europa mit und brannten aus vergorenem Agavensaft **Mezcal** und **Tequila,** die zu mexikanischen Nationalgetränken wurden.
Das Holz und der Rauch, der beim Garen der Agavenherzen entsteht, geben dem Mezcal sein rauchiges Aroma. Der »Wurm« in manchen Mezcal-Flaschen, die Raupe eines Dickkopffalters, ist nur ein Marketinggag.
Tequila wird in der Umgebung der gleichnamigen Stadt im Westen Mexikos hergestellt, vorwiegend aus der Blauen Weber-Agave. Je nach Reifedauer unterscheidet man die Qualitäten Blanco, Joven, Reposado, Angelo und Extra Angelo.

Aguamiel

Salz gibt eine Prise Meeresfrische

Für 1 Coupetteglas (120 ml)

4 cl weißer Tequila
1 cl Cynar (italienischer Artischockenlikör)
1 cl Ananassaft
1 TL Zuckersirup (s. S. 16)
2 Spritzer Angostura Bitters
Meersalz

Für die Deko:

1 Bio-Zitronenzeste

Außerdem:

Cocktailshaker
Eiswürfel
Hawthorne-Sieb
Teesieb

1 Tequila, Cynar, Ananassaft, Zuckersirup und Angostura Bitters in den Shaker geben. 1 Prise Meersalz dazugeben und den Shaker mit Eiswürfeln auffüllen. Verschließen und sofort ca. 15 Sek. kräftig schütteln.

2 Das Hawthorne-Sieb auf den Shaker setzen und dessen Inhalt durch das Teesieb in das gefrostete Coupetteglas gießen.

3 Die Zitronenzeste über dem Glas mehrmals knicken, sodass die ätherischen Öle in den Drink sprühen. Die Zeste mit ins Glas geben und den Cocktail sofort servieren.

Oaxaca Old Fashioned

rauchige Mexi-Variante des Old Fashioned

Für 1 Old-Fashioned-Glas (200 ml)

1 TL Agavendicksaft
2 Spritzer Angostura Bitters
4,5 cl Tequila Reposado
2 cl Mezcal (z. B. Del Maguey)

Für die Deko:

1 Bio-Orangenzeste

Außerdem:

Eiswürfel
Barlöffel
Gasfeuerzeug

1 Agavendicksaft und Angostura Bitters in das gefrostete Old-Fashioned-Glas geben. Tequila und Mezcal sowie 3 Eiswürfel dazugeben und mit dem Barlöffel umrühren. Mit weiteren Eiswürfeln auffüllen und bis zu 2 Min. umrühren, damit ausreichend Schmelzwasser entsteht.

2 Das Feuerzeug über dem Glas anzünden. Über einer kleinen Flamme die Orangenzeste mehrmals knicken, sodass die ätherischen Öle karamellisieren und sich als Film auf den Cocktail legen. Die Zeste ins Glas geben und den Cocktail sofort servieren.

Sidecar

traditioneller Cocktail mit Cognac – sollte nicht zu sauer sein

Für 1 Coupetteglas (120 ml)

5 cl Cognac
2 cl Orangenlikör (am besten Cointreau)
1,5 cl bis 2 cl frisch gepresster Zitronensaft
1 TL Zuckersirup (s. S. 16)

Für die Deko:

2 EL feiner Zucker
1 Zitronenschnitz
1 Bio-Orangenzeste

Außerdem:

Untertasse
Cocktailshaker
Eiswürfel
Hawthorne-Sieb
Teesieb

1 Für den Zuckerrand am Glas den Zucker auf die Untertasse häufen. Mit dem Zitronenschnitz den Rand des noch ungekühlten Coupetteglases außen ca. 1,5 cm breit anfeuchten. Den Glasrand im Zucker drehen; dabei ca. 4 cm frei lassen, damit man beim Nippen den Geschmack variieren kann. Überschüssigen Zucker abschütteln und das Glas ins Tiefkühlfach stellen.

2 Für den Drink Cognac, Orangenlikör, Zitronensaft und Zuckersirup in den Shaker geben. Diesen mit Eiswürfeln auffüllen, fest verschließen und sofort ca. 15 Sek. kräftig schütteln. Das Hawthorne-Sieb auf den Shaker setzen und dessen Inhalt durch das Teesieb in das gefrostete Coupetteglas mit Zuckerrand gießen.

3 Die Orangenzeste über dem Glas mehrmals knicken, sodass die ätherischen Öle hineinsprühen. Die Zeste ins Glas geben und den Drink sofort servieren.

Clever informiert: Branntweine

Armagnac, Cognac und **Brandy de Jerez** sind die bekanntesten Branntwein-Appellationen (Ursprungsbezeichnungen). Die Eigenheiten der jeweiligen Region und der typische Charakter dieser Brände haben sich stilbildend durchgesetzt. Alle Branntweine lagern und reifen in Holzfässern, was ihren jeweiligen Geschmack stark prägt. Der Großteil des spanischen Branntweins kommt aus Andalusien. Im Gegensatz zu den beiden französischen Appellationen bezieht sich der Name Brandy de Jerez nicht auf die Herkunft der Trauben, sondern auf den Ausbau. Brandy reift immer in ehemaligen Sherry-Fässern, und sein Geschmack hängt stark von dem des Sherrys ab.

Between the Sheets

Cognac plus Rum – eine Rarität

Für 1 Cocktailglas (140 ml)

3 cl Cognac
3 cl heller Rum (am besten fassgelagerter aus Kuba; z. B. Havana Club 3 Años)
3 cl Orangenlikör (am besten Cointreau)
1,5 cl frisch gepresster Zitronensaft

Außerdem:

Cocktailshaker
Eiswürfel
Hawthorne-Sieb
Teesieb

1 Cognac, Rum, Orangenlikör und Zitronensaft in den Shaker geben. Diesen mit Eiswürfeln auffüllen, verschließen und sofort ca. 15 Sek. kräftig schütteln.

2 Das Hawthorne-Sieb auf den Shaker setzen und dessen Inhalt durch das Teesieb in das gefrostete Cocktailglas gießen. Den Drink sofort servieren.

Vieux Carré

starker, komplexer Cocktail

Für 1 Coupetteglas (120 ml)

3 cl Cognac
3 cl Rye Whiskey (Roggenwhiskey)
3 cl süßer Wermut
1 TL Bénédictine (Kräuterlikör)
2 Spritzer Peychaud's Bitters
1 Spritzer Angostura Bitters

Für die Deko:

1 Bio-Zitronenzeste

Außerdem:

Rührglas
Eiswürfel
Barlöffel
Julep-Sieb

1 Cognac, Rye Whiskey, Wermut und Bénédictine sowie Peychaud's und Angostura Bitters in das Rührglas geben. Reichlich Eiswürfel dazugeben und mit dem Barlöffel umrühren, bis das Glas beschlagen ist.

2 Inhalt des Rührglases durch das Julep-Sieb in das gefrostete Coupetteglas gießen.

3 Die Zitronenzeste über dem Glas mehrmals knicken, sodass die ätherischen Öle in den Drink sprühen. Den Cocktail mit der Zeste dekorieren und sofort servieren.

Ambre Crusta

mit frechem Kümmelaroma

Für 1 Weißweinglas (140 ml)

4 cl Cognac
1 cl Aquavit (am besten Linie Aquavit)
1 cl Zuckersirup (s. S. 16)
½ TL Verjus (Saft aus unreifen Trauben)
½ TL Orangenlikör (am besten Orange Curaçao)
1 Spritzer Creole Bitters

Für die Deko:

2 EL feiner Zucker
1 Prise gemahlene Tonkabohne
1 Zitronenschnitz

Außerdem:

Untertasse
Rührglas | Eiswürfel
Barlöffel | Julep-Sieb

1 Zucker in der Untertasse mit dem Tonkabohnenpulver mischen. Den Glasrand mit dem Zitronenschnitz außen ca. 1,5 cm breit anfeuchten, dann im Zucker drehen; dabei ca. 4 cm frei lassen. Losen Zucker abschütteln, das Glas ins Tiefkühlfach stellen.

2 Cognac, Aquavit, Zuckersirup, Verjus, Orangenlikör und Creole Bitters ins Rührglas geben. Reichlich Eiswürfel dazugeben und mit dem Barlöffel umrühren, bis das Glas beschlagen ist. Den Inhalt durch das Julep-Sieb in das vorbereitete Glas gießen und den Cocktail sofort servieren.

Brandy Alexander

flüssiges Dessert und klassischer Digestif zugleich

Für 1 Coupetteglas (140 ml)

5 cl Brandy
2,5 cl Crème de Cacao braun
2,5 cl fettreduzierte Sahne (15 % Fett)

Für die Deko:

Muskatnuss

Außerdem:

Cocktailshaker
Eiswürfel
Hawthorne-Sieb
Teesieb
Gewürzreibe

1 Den Brandy zusammen mit der Crème de Cacao und der Sahne in den Shaker geben. Diesen mit Eiswürfeln auffüllen, verschließen und sofort ca. 15 Sek. kräftig schütteln.

2 Das Hawthorne-Sieb auf den Shaker setzen und dessen Inhalt durch das Teesieb in das gefrostete Coupetteglas gießen.

3 1 Prise Muskatnuss frisch über den Drink reiben und den Cocktail sofort servieren.

Brandy
Crusta

Sour-Variante mit Zuckerkruste

Für 1 Weißweinglas (140 ml)

6 cl Brandy (z. B. Carlos I)
1 cl frisch gepresster Zitronensaft
1 TL Orangenlikör (am besten Orange Curaçao)
1 TL Zuckersirup (s. S. 16)
2 Spritzer Angostura Bitters
1 TL Maraschino (farbloser Kirschlikör; nach Belieben)

Für die Deko:

1 Bio-Zitrone
2 EL feiner Zucker

Außerdem:

Untertasse
Cocktailshaker
Eiswürfel
Hawthorne-Sieb
Teesieb

1 Für die Deko die Zitrone heiß waschen und abtrocknen. Rundum ein sehr breites und langes Stück Zitronenschale abschneiden; es soll stabil in der Glasmündung klemmen. Eine Zitronenhälfte vierteln.

2 Für den Zuckerrand am Glas den Zucker auf die Untertasse häufen. Mit einem Zitronenachtel den Rand des noch ungekühlten Weißweinglases außen ca. 1,5 cm breit anfeuchten. Den Glasrand im Zucker drehen; dabei ca. 4 cm frei lassen, damit man beim Nippen den Geschmack variieren kann. Überschüssigen Zucker abschütteln und das Glas ins Tiefkühlfach stellen.

3 Für den Cocktail Brandy, Zitronensaft, Orangenlikör und Zuckersirup sowie Angostura Bitters in den Shaker geben. Für etwas süßeren Geschmack nach Belieben den Maraschino dazugeben. Den Shaker mit Eiswürfeln auffüllen, verschließen und sofort ca. 15 Sek. kräftig schütteln.

4 Das Hawthorne-Sieb auf den Shaker setzen und dessen Inhalt durch das Teesieb in das gefrostete Weißweinglas mit Zuckerrand gießen. Die Zitronenzeste in den Glasrand klemmen und den Cocktail sofort servieren.

Martini
Cocktail

der Urgroßvater aller gerührten Cocktails

Für 1 Martinikelch (120 ml)

6 cl Gin
1,5 cl trockener Wermut
1 Spritzer Orange Bitters (s. S. 18)

Für die Deko:

1 grüne Olive mit Stein
1 Cocktailspießchen

Außerdem:

Rührglas
Eiswürfel
Barlöffel
Julep-Sieb

1 Gin und Wermut sowie Orange Bitters in das Rührglas geben. Reichlich Eiswürfel dazugeben und mit dem Barlöffel umrühren, bis das Glas beschlagen ist.

2 Den Inhalt des Rührglases durch das Julep-Sieb in den gefrosteten Martinikelch gießen.

3 Die Olive auf das Spießchen stecken, das Ganze auf den Glasrand legen und den Cocktail sofort servieren. Alternativ kann man den Martini Cocktail auch mit einer Zitronenzeste servieren und die Oliven separat dazu reichen.

Clever informiert: Gin und Genever

Gin verdankt sein Aroma nicht dem Destillat, also dem Grundstoff, sondern Kräuter- und Gewürzauszügen (»Botanicals«), allem voran dem Wacholder. Man unterscheidet mehrere Gin-Stile.
Old Tom ist ein leicht süßer Stil aus dem 18. Jahrhundert. Etwas trockener, aber körperreich ist der **Plymouth Gin,** der in dieser seiner Heimatstadt destilliert worden sein muss. Ihn prägen Kräuter, wenige Bitterstoffe und weiches Wasser. **London Dry Gin** bezeichnet keine Herkunft, sondern das Herstellungsverfahren, bei dem man alle Botanicals zeitgleich dem Alkohol vor einer weiteren Destillation zusetzt. Ungesüßt und sehr aromatisch, haben diese Sorten oft starke Wacholder- oder Zitrusnoten. Neuerdings hat sich ein weiterer Stil herausgebildet, der **New Western Dry Gin,** dessen dominante Aromanote der des Wacholders oft ebenbürtig ist.
Bei **Genever** – holländischem Gin – unterscheidet man zwischen alt und jung. Alt steht für die traditionelle Machart, die eine charakteristische Malznote prägt. Junger Genever ist ein klarer Kornbranntwein mit leichtem Wacholderaroma.

Clever servieren

Oliven vor Verwendung abspülen; sonst können Rückstände der Lake Schlieren auf dem Drink bilden. Der Martini muss wirklich **eiskalt** serviert werden! **Kleine Gläser** verwenden, da der Martini ein durchaus starker und daher kleiner Drink ist.

Gimlet

klirrend kalt zu servieren

Für 1 Cocktailglas (140 ml)

6 cl Gin
2 cl Rose's Lime Juice (Limettensaft)
1 cl frisch gepresster Limettensaft

Für die Deko:

1 Bio-Limettenzeste

Außerdem:

Cocktailshaker | Eiswürfel
Hawthorne-Sieb | Teesieb

1 Gin, Rose's Lime Juice und Limettensaft zusammen in den Shaker geben. Diesen mit Eiswürfeln auffüllen, fest verschließen und sofort ca. 15 Sek. kräftig schütteln.

2 Das Hawthorne-Sieb auf den Shaker setzen und dessen Inhalt durch das Teesieb in das gefrostete Cocktailglas gießen.

3 Die Limettenzeste über dem Glas mehrere Male knicken, sodass die ätherischen Öle auf den Cocktail sprühen. Die Zeste mit der Außenseite nach oben ins Glas geben und den Drink sofort servieren.

Clever informiert

Die britische Marine kämpfte an Bord ihrer Schiffe mit Skorbut. Die Legende geht so: Um mit dem Vitamin C in Zitrusfrüchten Skorbut vorzubeugen und den Seeleuten den haltbaren Limettensirup schmackhaft zu machen, mischte man ihn mit Gin zum hochprozentigen Gimlet.

White Lady
Cocktail

angesäuerter Womanizer aus den 1920ern

Für 1 Cocktailglas (140 ml)

6 cl Gin
2 cl Orangenlikör (am besten Triple Sec)
2 cl frisch gepresster Zitronensaft
½ sehr frisches Eiweiß (M)

Für die Deko:

1 Bio-Zitronenzeste

Außerdem:

Cocktailshaker
Stab-Milchaufschäumer (wahlweise)
Eiswürfel | Hawthorne-Sieb | Teesieb

1 Den Gin zusammen mit Orangenlikör und Zitronensaft sowie dem Eiweiß (ohne Eis) in den Shaker geben. Diesen fest verschließen und ca. 30 Sek. kräftig schütteln; alternativ mit dem Stab-Milchaufschäumer im Shaker eine homogene Emulsion herstellen.

2 Nun den Shaker mit Eiswürfeln auffüllen, fest verschließen und sofort ca. 15 Sek. kräftig schütteln. Das Hawthorne-Sieb auf den Shaker setzen, dessen Inhalt durch das Teesieb in das gefrostete Cocktailglas gießen.

3 Die Zitronenzeste über dem Glas mehrere Male knicken, sodass die ätherischen Öle in den Drink sprühen, die Zeste aber nicht ins Glas geben. Den Cocktail sofort servieren.

The Bee's Knees
Cocktail

erfunden in der Prohibitionszeit

Für 1 Coupetteglas (120 ml)

5 cl Gin
2 cl Honigsirup (s. S. 17)
2 cl frisch gepresster Zitronensaft
2 Spritzer Lavender Bitters (nach Belieben)

Für die Deko:

1 Bio-Zitronenzeste
1 kurzer Zweig Lavendel

Außerdem:

Cocktailshaker | Eiswürfel
Hawthorne-Sieb
Teesieb

1 Für die Deko den Lavendelzweig kalt abspülen und trocken schütteln.

2 Den Gin zusammen mit Honigsirup und Zitronensaft sowie nach Belieben Lavender Bitters in den Shaker geben. Diesen mit Eiswürfeln auffüllen, fest verschließen und sofort ca. 15 Sek. kräftig schütteln.

3 Das Hawthorne-Sieb auf den Shaker setzen und dessen Inhalt durch das Teesieb in das gefrostete Coupetteglas gießen.

4 Die Zitronenzeste über dem Glas mehrmals knicken, sodass die ätherischen Öle hineinsprühen. Lavendelzweig und Zeste ins Glas geben und den Cocktail sofort servieren.

Breakfast Martini

starkes »Minifrühstück« im Glas

Für 1 Martinikelch (120 ml)

5 cl Gin
1,5 cl Orangenlikör (am besten Cointreau)
1,5 cl frisch gepresster Zitronensaft
1,5 TL Orangenmarmelade (ersatzweise Zitronenmarmelade)

Für die Deko:

1 Ecke Toastbrot
1 Bio-Orangenzeste

Außerdem:

Cocktailshaker
Barlöffel | Eiswürfel
Hawthorne-Sieb | Teesieb

1 Für die Deko das Brotstück frisch toasten.

2 Gin, Orangenlikör, Zitronensaft und Orangenmarmelade in den Shaker geben und mit dem Barlöffel umrühren, bis die Marmelade aufgelöst ist. Den Shaker mit Eiswürfeln auffüllen, verschließen und sofort ca. 15 Sek. kräftig schütteln.

3 Das Hawthorne-Sieb auf den Shaker setzen und dessen Inhalt durch das Teesieb in den gefrosteten Martinikelch gießen.

4 Die Orangenzeste über dem Glas mehrmals knicken, sodass die ätherischen Öle hineinsprühen. Den Drink mit dem Toastbrot und der Zeste dekorieren und sofort servieren.

Bramble

sauer, süß und brombeerspießig

Für 1 Old-Fashioned-Glas (200 ml)

5 cl Gin | 3 cl frisch gepresster Zitronensaft
1,5 cl Zuckersirup (s. S. 16)
1–1,5 cl Brombeerlikör

Für die Deko:

3 frische Brombeeren | 1 Bio-Zitronenzeste

Außerdem:

1 Cocktailspießchen | Cocktailshaker
Eiswürfel | zerstoßenes Eis
Hawthorne-Sieb | Teesieb | Barlöffel

1 Die Brombeeren kalt abspülen und auf das Spießchen stecken, dieses beiseitelegen.

2 Den Gin zusammen mit Zitronensaft und Zuckersirup in den Shaker geben. Mit Eiswürfeln auffüllen, verschließen und sofort ca. 15 Sek. kräftig schütteln.

3 Das gefrostete Old-Fashioned-Glas mit zerstoßenem Eis füllen. Das Hawthorne-Sieb auf den Shaker setzen und dessen Inhalt durch das Teesieb in das Glas gießen.

4 Das vorbereitete Cocktailspießchen auf den Glasrand legen. Brombeerlikör über den Barlöffel auf Spießchen und Drink träufeln.

5 Die Zitronenzeste über dem Glas mehrmals knicken, sodass die ätherischen Öle hineinsprühen. Die Zeste mit ins Glas geben und den Cocktail sofort servieren.

Clover Club

wunderbar fruchtiger Drink mit Schaumkrone

Für 1 Cocktailglas (140 ml)

6 cl Gin
3 cl frisch gepresster Zitronensaft
2 cl Himbeersirup (s. S. 16)
½ sehr frisches Eiweiß (M)

Für die Deko:

1 Bio-Zitronenzeste

Außerdem:

Cocktailshaker
Stab-Milchaufschäumer (wahlweise)
Eiswürfel
Hawthorne-Sieb
Teesieb

1 Gin, Zitronensaft und Himbeersirup sowie das Eiweiß (ohne Eis) in den Shaker geben. Diesen fest verschließen und ca. 30 Sek. kräftig schütteln; alternativ mit dem Stab-Milchaufschäumer im Shaker eine homogene Emulsion herstellen.

2 Nun den Shaker mit Eiswürfeln auffüllen, fest verschließen und sofort ca. 15 Sek. kräftig schütteln. Das Hawthorne-Sieb auf den Shaker setzen, dessen Inhalt durch das Teesieb in das gefrostete Cocktailglas gießen.

3 Die Zitronenzeste über dem Glas mehrere Male knicken, sodass die ätherischen Öle in den Drink sprühen. Diesen sofort servieren.

Corpse Reviver No. 2

soll den Kater lindern – weckt angeblich Tote

Für 1 Cocktailglas (140 ml)

2 cl Gin
2 cl Lillet (italienischer Wein-Aperitif; ersatzweise Cocchi Americano)
2 cl frisch gepresster Zitronensaft
2 cl Orangenlikör (am besten Cointreau)
1 kleiner Spritzer Absinth

Für die Deko:

1 Maraschino-Kirsche (s. S. 19)

Außerdem:

Cocktailshaker
Eiswürfel
Hawthorne-Sieb
Teesieb

1 Den Gin zusammen mit Lillet, Zitronensaft und Orangenlikör in den Shaker geben. Diesen mit Eiswürfeln auffüllen, verschließen und sofort ca. 15 Sek. kräftig schütteln.

2 Mit dem Absinth das Cocktailglas innen nur anfeuchten. Hawthorne-Sieb auf den Shaker setzen, dessen Inhalt durch das Teesieb in das gefrostete Cocktailglas gießen.

3 Die Maraschino-Kirsche in den Cocktail geben und diesen sofort servieren.

Last Word

schmeckt grün, kräuterig und herb

Für 1 Nick & Nora Glas (120 ml)

3 cl Gin
2 cl grüner Chartreuse (Kräuterlikör)
2 cl frisch gepresster Limettensaft
2 cl Maraschino (farbloser Kirschlikör)

Außerdem:

Cocktailshaker
Eiswürfel
Hawthorne-Sieb
Teesieb

1 Gin, Chartreuse, Limettensaft und Maraschino in den Shaker geben. Diesen mit Eiswürfeln auffüllen, fest verschließen und sofort ca. 15 Sek. kräftig schütteln.

2 Das Hawthorne-Sieb auf den Shaker setzen und dessen Inhalt durch das Teesieb in das gefrostete Nick & Nora Glas gießen. Den Cocktail sofort servieren.

Clever informiert

Grüner Chartreuse ist ein starker Kräuterlikör, den Kartäusermönche in der Nähe von Grenoble herstellen. Er ist tatsächlich grün und enthält 55 % Alkohol. Die Rezeptur umfasst etwa 130 Kräuter und Gewürze. Der Legende nach kennen zum Schutz vor Nachahmungen immer nur zwei Mönche gleichzeitig die genaue Zusammensetzung.

Mojito

ein waschechter Kubaner – karibisch, tropisch, frisch

Für 1 Highball-Glas (350 ml)

10 große Blätter Minze
1,5 cl Zuckersirup (s. S. 16)
5 cl leichter heller Rum
(z. B. Havana Club 3 Años)
2,5 cl frisch gepresster
Limettensaft
eiskaltes Mineralwasser
mit Kohlensäure

Für die Deko:

1 großer Stängel Minze

Außerdem:

Barlöffel
zerstoßenes Eis
1 Trinkhalm

1 Minzeblätter und -stängel kalt abspülen, den Stängel trocken schütteln und beiseitelegen. Die Blätter zusammen mit dem Zuckersirup in das gefrostete Highball-Glas geben und mit dem Barlöffel leicht andrücken.

2 Den Rum und den Limettensaft auf die Minze geben und unter Rühren mit dem Barlöffel das Glas fast bis zum Rand mit zerstoßenem Eis füllen. Dann 1 guten Schuss Mineralwasser dazugeben und nochmals kurz umrühren.

3 Den Minzestängel auf den Handballen schlagen, um das Aroma freizusetzen, dann auf den Drink geben. Trinkhalm so im Glas platzieren, dass beim Trinken der Duft der Minze in die Nase steigt. Den Cocktail sofort servieren.

Variante: Alkoholfreier Mosquito

Für 1 Highball-Glas (350 ml) | **10 große Minzeblätter** kalt abspülen und mit **1,5 cl Zuckersirup** (s. S. 16) in das gefrostete Glas geben. Mit dem Barlöffel leicht andrücken. **2 cl Limettensaft** und **3 cl eiskaltes Mineralwasser mit Kohlensäure** dazugießen und das Glas mit **zerstoßenem Eis** füllen. **Eiskaltes Tonic Water** darübergießen und mit dem Barlöffel kurz umrühren. Für die Deko **1 Stängel Minze** kalt abspülen, trocken schütteln, auf den Handballen schlagen und auf den Drink geben. **1 Trinkhalm** so ins Glas stecken, dass beim Trinken der Minzeduft in die Nase steigt. Den Cocktail sofort servieren.

Clever informiert: Rum

Die meisten Rumsorten werden aus Melasse hergestellt, einem Nebenprodukt der Zuckerherstellung. Nach dem Brennen des Rums reift er meist in Eichenholzfässern. Rum wird häufig »geblendet«, also mit Rum anderer Reifedauer verschnitten, um gleichbleibenden Geschmack zu erzielen. **Rhum agricole** wird aus Zuckerrohrsaft gemacht. In Brasilien brennt man daraus **Cachaça.** Dessen Vorgänger war **Aguardiente** (Feuerwasser), damals eine scharfe, starke Spirituose. Die Reifung in den verschiedensten Fässern, z. B. alten Portwein-, Sherry oder Whiskeyfässern, gibt Rum ein weites Geschmacksspektrum.

Old Cuban

Luxus-Mojito mit Champagner

Für 1 Cocktailglas (140 ml)

6 Blätter Minze | 3 cl Zuckersirup (s. S. 16)
2 cl frisch gepresster Limettensaft
4,5 cl brauner Rum (z. B. Bacardí 7 Años)
2 Spritzer Angostura Bitters
eiskalter Champagner zum Auffüllen

Für die Deko:

1 schönes Blatt Minze

Außerdem:

Cocktailshaker | Barlöffel | Eiswürfel
Hawthorne-Sieb | Teesieb

1 Minzeblätter kalt abspülen, 1 schönes Blatt beiseitelegen. Übrige Blätter mit Zuckersirup und Limettensaft in den Shaker geben und mit dem Barlöffel leicht andrücken. Rum und Bitters dazugeben. Den Shaker mit Eiswürfeln auffüllen, verschließen und sofort ca. 15 Sek. kräftig schütteln.

2 Das Hawthorne-Sieb auf den Shaker setzen und dessen Inhalt durch das Teesieb in das gefrostete Cocktailglas gießen. Den Drink mit Champagner auffüllen und das Minzeblatt dazugeben. Sofort servieren.

Clever gemacht

Minze nur vorsichtig andrücken. Zerstoßen würde Chlorophyll freisetzen, das den Drink bitter macht. Für ein zartes Aroma genügt es, die Minze mit einem Schlag auf den Handballen »aufzuwecken«.

Daiquirí

Hemingways Lieblingsdrink in Havanna

Für 1 Cocktailglas (140 ml)

6 cl weißer Rum
3 cl frisch gepresster Limettensaft
2 cl Zuckersirup (s. S. 16)

Für die Deko:

1 Bio-Limettenscheibe

Außerdem:

Cocktailshaker
Eiswürfel
Hawthorne-Sieb
Teesieb

1 Den Rum zusammen mit Limettensaft und Zuckersirup in den Shaker geben. Diesen mit Eiswürfeln auffüllen, verschließen und sofort ca. 15 Sek. kräftig schütteln.

2 Das Hawthorne-Sieb auf den Shaker setzen und dessen Inhalt durch das Teesieb in das gefrostete Cocktailglas gießen.

3 Die Limettenscheibe mit ins Glas geben oder auf den Glasrand stecken und den Cocktail sofort servieren.

Royal Bermuda Yacht Club

würzige Variante des Daiquirí mit ordentlich Rum

Für 1 Cocktailglas (140 ml)

6 cl brauner Rum (am besten aus Barbados)
3 cl frisch gepresster Limettensaft
1,5 cl Velvet Falernum Liqueur (aromatisierter Rum)
1 TL Orangenlikör (am besten Cointreau)
1 Spritzer Angostura Bitters (nach Belieben)

Außerdem:

Cocktailshaker
Eiswürfel
Hawthorne-Sieb
Teesieb

1. Den Rum mit Limettensaft, Falernum und Orangenlikör sowie Angostura Bitters in den Shaker geben. Diesen mit Eiswürfeln auffüllen, fest verschließen und sofort ca. 15 Sek. kräftig schütteln.
2. Das Hawthorne-Sieb auf den Shaker setzen und dessen Inhalt durch das Teesieb in das gefrostete Coupetteglas gießen. Den Cocktail sofort servieren.

Knickerbocker
à la Monsieur

vergessener Klassiker von anno 1869

Für 1 Cocktailglas (140 ml)

6 cl Rum (am besten von den Virgin Islands)
2,5 cl frisch gepresster Zitronensaft
1,5 cl Himbeersirup (s. S. 16)
2 TL Orangenlikör (z. B. Orange Curaçao)

Für die Deko:

¼ Ananasscheibe
½ Bio-Orangenscheibe
1 Maraschino-Kirsche (s. S. 19)

Außerdem:

Cocktailshaker
Eiswürfel
Hawthorne-Sieb
Teesieb
1 Cocktailspießchen

1 Rum, Zitronensaft, Himbeersirup und Orangenlikör in den Shaker geben. Diesen mit Eiswürfeln auffüllen, verschließen und sofort ca. 15 Sek. kräftig schütteln.

2 Das Hawthorne-Sieb auf den Shaker setzen und dessen Inhalt durch das Teesieb in das gefrostete Cocktailglas gießen.

3 Ananasstück und Orangenscheibe sowie Maraschino-Kirsche auf das Cocktailspießchen stecken und das Ganze auf den Drink legen. Den Cocktail sofort servieren.

Planter's
Punch

ein leicht saurer, kräftiger Longdrink aus der Karibik

Für 1 Einmachglas (300 ml)

6 cl brauner Rum (am besten fassgelagerter aus Jamaika)
4 cl frisch gepresster Limettensaft
2 cl Zuckersirup (s. S. 16)
3 Spritzer Angostura Bitters
3 cl eiskaltes Mineralwasser mit Kohlensäure

Für die Deko:

¼ Ananasscheibe
1 Maraschino-Kirsche (s. S. 19)
1 lange Bio-Orangenzeste

Außerdem:

1 Cocktailspießchen
Cocktailshaker
Eiswürfel
zerstoßenes Eis
Hawthorne-Sieb
Teesieb
Barlöffel
1 Trinkhalm (nach Belieben)

1 Für die Deko Ananasscheibe und Maraschino-Kirsche auf das Cocktailspießchen stecken, dann dieses mit der Orangenzeste garnieren und beiseitelegen.

2 Rum, Limettensaft, Zuckersirup und Angostura Bitters in den Shaker geben. Diesen mit Eiswürfeln auffüllen, fest verschließen und sofort ca. 15 Sek. kräftig schütteln.

3 Das gefrostete Einmachglas mit zerstoßenem Eis füllen. Hawthorne-Sieb auf den Shaker setzen und dessen Inhalt durch das Teesieb in das Glas gießen. Das Mineralwasser dazugießen und alles mit dem Barlöffel kurz umrühren.

4 Das vorbereitete Spießchen und nach Belieben den Trinkhalm in den Drink stecken und diesen sofort servieren.

Variante: Tropenfruchtiger Planter's Punch

Für 1 Highball-Glas (300 ml) | **2 cl dunklen Rum, 2 cl weißen oder goldenen Rum, 1 cl Orangenlikör, je 4 cl Ananassaft und frisch gepressten Orangensaft, ½ cl frisch gepressten Limettensaft, 1 TL Zuckersirup, 1 TL Grenadine** sowie **1 Spritzer Angostura Bitters** in den Shaker geben. Diesen mit Eiswürfeln auffüllen, fest verschließen und sofort ca. 15 Sek. kräftig schütteln. Das gefrostete Highball-Glas mit **zerstoßenem Eis** füllen. Das Hawthorne-Sieb auf den Shaker setzen und dessen Inhalt durch ein Teesieb ins Glas gießen. Mit eiskaltem **kohlensäurehaltigem Mineralwasser** auffüllen und mit dem Barlöffel kurz umrühren. **1 Bio-Orangenzeste** und **1 Maraschino-Kirsche** in den Cocktail geben, diesen sofort servieren.

Mai Tai

weltweit bekanntester Tiki-Drink – Gruß von Hawaii

Für 1 Old-Fashioned-Glas (200 ml)

2,5 cl weißer Rum (am besten aus Martinique; z. B. Trois Rivières Rhum blanc agricole)
2,5 cl dunkler Rum (am besten aus Jamaika)
2,5 cl frisch gepresster Limettensaft
1 cl Orangenlikör (am besten Orange Curaçao)
1 cl Orgeat (Mandelsirup)
0,5 cl Zuckersirup (s. S. 16)
1 Schuss hochprozentiger Rum

Für die Deko:

¼ Ananasscheibe | 1 Bio-Orangenzeste
1 Maraschino-Kirsche (s. S. 19)

Außerdem:

Cocktailshaker | Eiswürfel
zerstoßenes Eis | Hawthorne-Sieb
Teesieb | 1 Cocktailspießchen

1 Beide Sorten Rum sowie Limettensaft, Orangenlikör, Orgeat und Zuckersirup in den Shaker geben. Mit Eiswürfeln auffüllen, verschließen, ca. 15 Sek. kräftig schütteln.

2 Das gefrostete Old-Fashioned-Glas mit zerstoßenem Eis füllen. Das Hawthorne-Sieb auf den Shaker setzen und dessen Inhalt durch das Teesieb in das Glas gießen.

3 Ananas, Zeste und Kirsche auf das Spießchen stecken und den Drink damit dekorieren. Den starken Rum auf den Cocktail träufeln und diesen sofort servieren.

Piña Colada

aus der Beachcomber's Bar in Puerto Rico

Für 1 Highball-Glas (350 ml)

1 dicke Ananasscheibe
2 cl Ananassaft
6 cl leichter heller puertorikanischer Rum
4 cl Kokosmark (zimmerwarm, da besser dosierbar)

Für die Deko:

1 schönes Ananasblatt (nach Belieben)
¼ Ananasscheibe
1 Maraschino-Kirsche (s. S. 19)

Außerdem:

Standmixer | zerstoßenes Eis

1 Das Ananasblatt für die Deko kalt abspülen und beiseitelegen.

2 Das Ananasstück grob zerkleinern und zusammen mit Ananassaft, Rum und Kokosmark in den Standmixer geben. Ca. 250 ml zerstoßenes Eis hinzugeben und 30 Sek. auf höchster Stufe mixen.

3 Den Inhalt des Mixers in das gefrostete Glas gießen. Das Glas mit Maraschino-Kirsche und Ananasstück sowie nach Belieben mit dem Ananasblatt dekorieren und den Cocktail sofort servieren.

Clever gemacht

Manche Rezepte für Piña Colada begnügen sich mit Ananassaft. Viel besser schmeckt der Cocktail mit **frischer Ananas**.

Caipirinha

Liebling aus Brasilien – ideal für den tropischen Abend

Für 1 Old-Fashioned-Glas (200 ml)

½ Bio-Limette
1,5 cl Zuckersirup (s. S. 16)
6 cl Cachaça (brasilianischer Zuckerrohrbrand)

Außerdem:

Barstößel
zerstoßenes Eis
Barlöffel
2 kurze Trinkhalme

1 Die Limette heiß waschen und abtrocknen, die Enden abschneiden. Die Frucht halbieren und den bitteren weißen Strang in der Mitte entfernen. Eine Limettenhälfte vierteln.

2 4 Limettenachtel zusammen mit dem Zuckersirup in das gefrostete Old-Fashioned-Glas geben und mit dem Barstößel zerquetschen. Das Glas mit zerstoßenem Eis auffüllen und den Cachaça darübergießen.

3 Mit dem Barlöffel umrühren und den Cocktail mit den Trinkhalmen sofort servieren.

Alkoholfreie Variante: Ipanema

Für 1 Old-Fashioned-Glas (200 ml) | **1 Bio-Limette** heiß waschen und abtrocknen, die Enden abschneiden. Frucht halbieren und den bitteren weißen Strang in der Mitte entfernen. Eine Limettenhälfte vierteln und zusammen mit **2–3 TL Roh-Rohrzucker** in das gefrostete Old-Fashioned-Glas geben. **1 reife Maracuja** halbieren und das gesamte Fruchtfleisch dazugeben. Alles mit dem Barstößel zerquetschen, bis der Zucker aufgelöst ist. Reichlich **zerstoßenes Eis** dazugeben und mit eiskaltem **Ginger Ale** auffüllen. Den Drink mit dem Barlöffel kurz umrühren und mit **2 Trinkhalmen** sofort servieren.

Clever variieren

Caipirinha (sinngemäß übersetzt »die Unschuld vom Lande«) schmeckt auch gut mit **Wodka** statt Cachaça. Die Brasilianer nennen den Caipirinha **Batida de Limão** und trinken ihn gerne mit weißem Rohrzucker und mit Eiswürfeln, da diese in der Hitze den Drink weniger schnell verwässern als zerstoßenes Eis.

Mint Julep

minzfrischer Amerikaner – der offizielle Drink des Kentucky Derby

Für 1 silbernen Julep-Becher (350 ml)

10 große Blätter Minze
1 cl Zuckersirup (s. S. 16)
6 cl Bourbon Whiskey

Für die Deko:

2 schöne Stängel Minze

Außerdem:

Barlöffel
fein zerstoßenes Eis
2 kurze Trinkhalme

1 Minzeblätter und -stängel kalt abspülen, Stängel trocken schütteln und beiseitelegen. Die Blätter und den Zuckersirup in den Julep-Becher geben. Die Minze leicht mit dem Barlöffel andrücken. Den Bourbon Whiskey darübergießen und umrühren; je länger sich Minze und Whiskey verbinden, desto intensiver wird das Minzaroma.

2 Unter Rühren so viel fein zerstoßenes Eis dazugeben, dass auf dem Becher ein kleiner Hügel entsteht und der Becher außen zu gefrieren beginnt.

3 Für die Deko die Minzestängel auf den Handballen schlagen, um das Aroma freizusetzen. Mit den Trinkhalmen ein Loch ins Eis bohren und die Stängel hineinstecken. Die Trinkhalme so ins Eis stecken, dass beim Trinken der Duft der Minze in die Nase steigt. Den Cocktail sofort servieren.

Clever informiert: Whisk(e)y

Der Ursprung des Whiskey liegt auf den Britischen Inseln, wo traditionell viel Gerste angebaut wird. Früher legte man dort zur Unterscheidung Wert auf die Schreibweise »Whisky«. Schottischer Whisky, der Scotch, ist der bekannteste. Der Torf, der zum Trocknen der Gerste verwendet wird, spielt für das Aroma eine große Rolle. Scotch von der Insel Islay schmeckt besonders rauchig.
Die Prohibition in Amerika hat nicht nur bewirkt, dass zwischen 1919 und 1933 legal kein Alkohol konsumiert werden durfte, sondern auch, dass viel Alkohol vernichtet wurde, der dann für Produktion und Verkauf fehlte. Dunkle, fassgelagerte Spirituosen benötigen viel Zeit zum Reifen – bei amerikanischem Bourbon bis zu 25 Jahren.
Heute produzieren viele Länder Whiskey. Aroma und Farbe hängen von den Fässern und der Reifedauer ab. Die Holzaromen und die Holzkohle an der Fassinnenseite sowie die schwache Sauerstoffzufuhr durch Holzporen nehmen dem Whiskey Schärfe zugunsten von Komplexität. Während Schotten, Iren und die meisten anderen Whiskeyproduzenten gebrauchte Fässer bevorzugen, muss Bourbon in ausgekohlten neuen Fässern, die meist aus amerikanischer Weißeiche bestehen, mindestens 2 Jahre reifen. Vor der Abfüllung wird Whiskey meist verschnitten, um ein gleichbleibendes Produkt zu erzielen.
Diskutiert wird, ob man Whiskey nicht prinzipiell pur genießen sollte. Absolut zulässig ist es jedenfalls, Whiskey in Cask Strength, also in Fassstärke, wegen des hohen Alkoholgehalts mit zimmerwarmem stillem Wasser zu strecken. Die Aromastoffe, die sonst der Alkohol übertönt, kommen so besser zur Geltung.

Manhattan

Kultklassiker der American Bar

Für 1 Nick & Nora Glas (120 ml)

6 cl Rye Whiskey (z. B. Old Overholt)
3 cl süßer Wermut (z. B. Carpano Antica Formula)
2 Spritzer Angostura Bitters

Für die Deko:

1 Bio-Orangenzeste

Außerdem:

Rührglas
Eiswürfel
Barlöffel
Julep-Sieb

1 Rye Whiskey und Wermut sowie Angostura Bitters in das Rührglas geben. Reichlich Eiswürfel dazugeben und mit dem Barlöffel umrühren, bis das Glas beschlagen ist.

2 Inhalt des Rührglases durch das Julep-Sieb in das gefrostete Nick & Nora Glas gießen.

3 Die Orangenzeste über dem Glas mehrmals knicken, sodass die ätherischen Öle in den Drink sprühen. Die Zeste mit der Außenseite nach oben ins Glas geben und den Cocktail sofort servieren.

Clever variieren

Wer die Mengenverhältnisse einfach vertauscht, also 3 cl Whiskey und 6 cl Wermut nimmt statt umgekehrt, erhält einen **Reverse Manhattan.** Er schmeckt etwas süßer und weniger kräftig.

Brooklyn Cocktail

der kleine Bruder des Manhattan

Für 1 Coupetteglas (120 ml)

5 cl Bourbon Whiskey (ersatzweise Rye Whiskey)
2 cl trockener Wermut
2 TL Maraschino (farbloser Kirschlikör)
2 TL Amer Picon (Orangenaperitif)

Für die Deko:

1 Bio-Orangenzeste

Außerdem:

Rührglas
Eiswürfel
Barlöffel
Julep-Sieb

1 Whiskey, Wermut, Maraschino und Amer Picon in das Rührglas geben. Reichlich Eiswürfel dazugeben und mit dem Barlöffel umrühren, bis das Glas beschlagen ist.

2 Inhalt des Rührglases durch das Julep-Sieb in das gefrostete Coupetteglas gießen.

3 Die Orangenzeste über dem Glas mehrmals knicken, sodass die ätherischen Öle auf den Drink sprühen. Die Zeste mit der Außenseite nach oben mit ins Glas geben und den Cocktail sofort servieren.

Whiskey Sour

der wohl bekannteste Whiskeydrink auf den Barkarten der Welt

Für 1 Old-Fashioned-Glas (200 ml)

5 cl Bourbon Whiskey
3 cl frisch gepresster Zitronensaft
1,5 cl Zuckersirup (s. S. 16)
1 TL Puderzucker

Für die Deko:

1 Maraschino-Kirsche (s. S. 19; ersatzweise 1 Bio-Zitronenzeste)

Außerdem:

Cocktailshaker
Eiswürfel
Hawthorne-Sieb
Teesieb

1 Den Bourbon Whiskey zusammen mit Zitronensaft und Zuckersirup sowie Puderzucker in den Shaker geben. Diesen mit Eiswürfeln auffüllen, fest verschließen und sofort ca. 15 Sek. kräftig schütteln.

2 Das gefrostete Old-Fashioned-Glas mit Eiswürfeln füllen. Das Hawthorne-Sieb auf den Shaker setzen und dessen Inhalt durch das Teesieb ins Glas gießen.

3 Die Maraschino-Kirsche in den Cocktail geben beziehungsweise die Zitronenzeste über dem Glas mehrmals knicken, sodass die ätherischen Öle hineinsprühen, und die Zeste mit ins Glas geben. Den Cocktail sofort servieren.

Clever variieren

Mit **Eiweiß** wird der Drink deutlich cremiger und bekommt eine Schaumkrone. Dafür ½ sehr frisches Eiweiß (M) zusammen mit Bourbon Whiskey, Zitronensaft, Zuckersirup und Puderzucker (ohne Eis) in den Shaker geben. Diesen fest verschließen und ca. 30 Sek. kräftig schütteln; alternativ mit dem Stab-Milchaufschäumer im Shaker eine homogene Emulsion herstellen. Anschließend den Shaker mit Eiswürfeln auffüllen, verschließen und sofort ca. 15 Sek. kräftig schütteln. Weiter verfahren wie oben beschrieben.
2–3 cl Orangensaft machen aus diesem Cocktail einen **Whiskey Stone Sour,** der die Säure noch besser bindet und den heutigen Geschmack ebenfalls gut trifft.
Einen Sour können Sie in einem Old-Fashioned-Glas auf Eiswürfeln oder auch ohne Eis in einem Sour-Glas anbieten, das etwa wie eine Champagnertulpe aussieht.

Old Fashioned

ein Bourbon-Klassiker, der auch mit Rum ausgezeichnet schmeckt

Für 1 Old-Fashioned-Glas (200 ml)

1 Bio-Orangenzeste
1 weißer Zuckerwürfel
2 Spritzer Abbott's Bitters (ersatzweise Angostura Bitters)
1 TL Zuckersirup (s. S. 16)
6 cl Bourbon Whiskey

Für die Deko:

1 Maraschino-Kirsche (s. S. 19)
1 Bio-Orangenzeste

Außerdem:

Barstößel
Eiswürfel
Barlöffel

1 Die Orangenzeste in das gefrostete Old-Fashioned-Glas geben. Den Zuckerwürfel daraufsetzen, Bitters darüberträufeln. Den Zuckersirup darübergießen. Mit dem Barstößel den Zuckerwürfel und die Orangenzeste zerquetschen und alles gut durchmischen.

2 Die Hälfte des Bourbon Whiskey zusammen mit 3 Eiswürfeln ins Glas geben und mit dem Barlöffel gut umrühren. Den restlichen Whiskey dazugießen und den Drink mit weiteren Eiswürfeln auffüllen. Bis zu 2 Min. umrühren, damit genügend Schmelzwasser entsteht.

3 Die Maraschino-Kirsche in den Cocktail geben. Die Orangenzeste über dem Glas mehrmals knicken, sodass die ätherischen Öle hineinsprühen, und die Zeste mit ins Glas geben. Den Cocktail sofort servieren.

Clever informiert: Deko mit Funktion

Die Dekoration von Cocktails hat meist zusätzlich zur Optik einen kulinarischen Nutzen. Die ätherischen Öle einer **Zitruszeste** krönen jeden Drink mit einer frischen Aromanote, übertönen aber auch bei Cocktails mit Eiweiß dessen leicht metallisch anmutendes Aroma. Ein **Limettenachtel** am Glasrand einer Margarita (s. S. 37) gibt dem Genießer die Möglichkeit, die Säure des Drinks nach Geschmack zu dosieren. Wenn man wie beim Cosmopolitan (s. S. 87) die ätherischen Öle aus der Orangenzeste mit dem **Gasfeuerzeug** flämmt und damit karamellisiert, harmonieren sie noch besser mit dem Orangenlikör im Cocktail – mal ganz abgesehen vom Showeffekt.

Up to Date
Cocktail

topaktuell, obwohl bereits ein Jahrhundert alt

Für 1 Coupetteglas (120 ml)

6 cl Rye Whiskey (Roggenwhiskey)
3 cl Sherry Amontillado
1 cl Orangenlikör (am besten Grand Marnier)
2 Spritzer Angostura Bitters

Für die Deko:

1 Bio-Zitronenzeste

Außerdem:

Rührglas
Eiswürfel
Barlöffel
Julep-Sieb

1 Rye Whiskey, Sherry, Orangenlikör und Angostura Bitters in das Rührglas geben. Reichlich Eiswürfel dazugeben und mit dem Barlöffel umrühren, bis das Glas beschlagen ist.

2 Den Inhalt des Rührglases durch das Julep-Sieb in das gefrostete Coupetteglas gießen.

3 Die Zitronenzeste über dem Glas mehrmals knicken, sodass die ätherischen Öle auf den Drink sprühen. Die Zeste mit der Außenseite nach oben mit ins Glas geben und den Cocktail sofort servieren.

Clever informiert: Sherry

Sherry feiert eine Renaissance in der Bar. Für den puren Genuss, aber ebenso als Mixspirituose, findet man ihn auf immer mehr Barkarten. Sherry ist angereicherter Wein, der in der Stadt Jerez de la Frontera (daher der Name), Sanlúcar de Barrameda oder El Puerto de Santa María hergestellt wird. Der Wein wird mit Alkohol, meist Brandy, aufgespritet. Es gibt vier eher trockene Stile – in der Reihenfolge von leicht bis intensiv: **Fino, Amontillado, Palo Cortado** und **Oloroso;** ferner den **Manzanilla** aus der Gruppe der Finos mit abweichender Herstellungsweise. Süße Varianten sind **Pedro Ximénez** und **Moscatel.**
Sherry hat stark oxidative Geschmacksnoten, die häufig so gewünscht sind. Die Fässer werden oft nicht ganz gefüllt, um dem Sherry Kontakt mit Luft zu erlauben. Ungeöffnete Flaschen können Sie gut im Keller lagern, offene Flaschen sollten in den Kühlschrank, um das Aroma zu schützen. Trockener Sherry wird in der Regel auch kühl serviert.

Sazerac

Klassiker aus New Orleans – verwandt mit dem Old Fashioned

Für 1 Old-Fashioned-Glas (200 ml)

1 kleiner Schuss Absinth
1 weißer Zuckerwürfel
1 TL Zuckersirup (s. S. 16; nach Belieben)
3 Spritzer Peychaud's Bitters
5 cl Rye Whiskey (Roggenwhiskey)

Für die Deko:

1 Bio-Zitronenzeste

Außerdem:

Rührglas
Barlöffel
Eiswürfel
Julep-Sieb

1 Den Absinth in das gefrostete Old-Fashioned-Glas geben und etwas schwenken, sodass das Glas innen gleichmäßig benetzt wird. Überschüssigen Absinth ausgießen und das Glas wieder ins Tiefkühlfach stellen.

2 Den Zuckerwürfel in das Rührglas geben, mit den Bitters beträufeln und mit dem Griffende des Barlöffels zerstoßen. Nach Belieben den Zuckersirup dazugeben. Kurz bevor der Zucker komplett gelöst ist, den Rye Whiskey dazugießen. Reichlich Eiswürfel dazugeben und mit dem Barlöffel umrühren, bis das Glas beschlagen ist.

3 Den Inhalt des Rührglases durch das Julep-Sieb in das vorbereitete Old-Fashioned-Glas gießen.

4 Die Zitronenzeste über dem Glas mehrere Male knicken, sodass die ätherischen Öle in den Drink sprühen, die Zeste aber nicht ins Glas geben. Den Cocktail sofort servieren.

Clever informiert: Bitters

Häufig unterschätzt wird die Bedeutung von Bitters für die Cocktails. Diese Tinkturen werden in der kleinen Einheit Spritzer oder »Dash« angegeben und entsprechend sparsam verwendet.
Bitters sind alkoholhaltige Würzkonzentrate mit einem dominierenden, vordergründigen Geschmack von starken Aromaspendern wie etwa Enzianwurzel, Kardamom, Bitterorangen, Zimt oder auch Sellerie. Mit ihrer aromatischen Komplexität ergänzen Bitters die sonstigen Geschmackskomponenten des Cocktails und sorgen für Tiefe, aber keineswegs für ein übermäßig bitteres Geschmacksprofil. Manche Cocktails würden ohne Bitters tatsächlich recht langweilig und eindimensional schmecken.
Bitters können Sie selbst ansetzen (vgl. Orange Bitters; S. 18), allerdings verlangt die Reifung Geduld. Bei manchen Rezepturen kann es Monate dauern, bis sich das gewünschte Aroma entfaltet hat.

Remember the Maine

komplexer Drink mit Wumms – benannt nach einem 1933 explodierten Schlachtschiff

Für 1 Nick & Nora Glas (120 ml)

5 cl Rye Whiskey (Roggenwhiskey)
2 cl süßer Wermut
1 cl Kirschlikör (am besten Heering Cherry Liqueur)
2 Spritzer Absinth

Für die Deko:

1 Bio-Orangenzeste

Außerdem:

Rührglas
Eiswürfel
Barlöffel
Julep-Sieb

1 Rye Whiskey, Wermut, Kirschlikör und Absinth in das Rührglas geben. Reichlich Eiswürfel dazugeben und mit dem Barlöffel umrühren, bis das Glas beschlagen ist.

2 Inhalt des Rührglases durch das Julep-Sieb in das gefrostete Nick & Nora Glas gießen.

3 Die Orangenzeste über dem Glas mehrmals knicken, sodass die ätherischen Öle in den Cocktail sprühen, die Zeste an den Glasrand hängen und den Drink sofort servieren.

Cocktail à la Louisiane

etwas süßere Verwandte des Sazerac

Für 1 Nick & Nora Glas (120 ml)

3 cl Rye Whiskey (Roggenwhiskey)
3 cl süßer Wermut
3 cl Bénédictine (Kräuterlikör)
2 Spritzer Peychaud's Bitters
2 Spritzer Absinth

Für die Deko:

1 Maraschino-Kirsche (s. S. 19)

Außerdem:

Rührglas
Eiswürfel
Barlöffel
Julep-Sieb

1 Rye Whiskey, Wermut und Bénédictine sowie Peychaud's Bitters und Absinth in das Rührglas geben. Reichlich Eiswürfel dazugeben und mit dem Barlöffel umrühren, bis das Glas beschlagen ist.

2 Inhalt des Rührglases durch das Julep-Sieb in das gefrostete Nick & Nora Glas gießen.

3 Die Maraschino-Kirsche in den Cocktail geben und diesen sofort servieren.

1

2

3

White Russian

Digestif-Drink für Kaffeeliebhaber – sogar mit Sahnehäubchen

Für 1 Old-Fashioned-Glas (200 ml)

5 cl Wodka
2,5 cl Kahlúa (Kaffeelikör)
4 cl Sahne (30 % Fett)

Außerdem:

Eiswürfel
Barlöffel
sauberes kleines Schraubdeckelglas

1 Das gefrostete Old-Fashioned-Glas etwa zur Hälfte mit Eiswürfeln füllen. Wodka und Kahlúa darübergießen und alles mit dem Barlöffel umrühren (**Bild 1**).

2 Die Sahne in das Schraubdeckelglas füllen und dieses verschließen. Ca. 15 Sek. kräftig schütteln, bis die Sahne ihr Volumen um etwa die Hälfte vergrößert hat (**Bild 2**).

3 Die Sahne über den Rücken des Barlöffels langsam als getrennte Schicht auf den Drink laufen lassen (**Bild 3**) und den Cocktail sofort servieren.

Clever variieren

Ohne Sahne heißt der Cocktail **Black Russian.** Er kann auch im Coupetteglas gereicht werden.

Clever informiert: Wodka

Dass Wodka aus Kartoffeln gebrannt wird, ist eine Legende. Es ist zwar möglich, aber tatsächlich werden die meisten »Wässerchen« aus Weizen, Roggen und Gerste hergestellt, aus Weizen besonders in Russland. In Polen wird viel mit Roggen gearbeitet. Doch ist beim Wodka kein bestimmter Grundstoff vorgegeben, und es gibt Wodka aus Trauben, Zuckerrüben oder Quinoa, Sojabohnen und Reis. Wegen des relativ neutralen Geschmacks und seiner exzellenten Mischbarkeit wird Wodka bei uns oft in Cocktails verwendet – je klarer und neutraler, desto besser. Im Cocktail bildet Wodka häufig nur die Grundlage und lässt anderen Aromen Platz, sich zu entfalten. Die Russen hingegen trinken Wodka häufig pur, wofür er möglichst charakterstark und spannend schmecken sollte.

Espresso Martini

kein Cocktail – ein Erweckungserlebnis

Für 1 Martinikelch (120 ml)

4 cl Wodka
2,5 cl Kahlúa (Kaffeelikör)
2,5 cl kalter Espresso
1 cl Zuckersirup (s. S. 16)

Für die Deko:

1 Espressobohne

Außerdem:

Cocktailshaker
Eiswürfel
Hawthorne-Sieb
Teesieb

1 Wodka, Kahlúa und Espresso sowie den Zuckersirup in den Shaker geben. Diesen mit Eiswürfeln auffüllen, fest verschließen und sofort ca. 15 Sek. kräftig schütteln.

2 Das Hawthorne-Sieb auf den Shaker setzen und dessen Inhalt durch das Teesieb in den gefrosteten Martinikelch gießen.

3 Die Espressobohne auf die Schaumkrone setzen und den Cocktail sofort servieren.

Clever informiert

Der Espresso Martini wurde in den 1980er-Jahren in Soho in London erfunden. Die Verbindung von Kaffee, Zucker und Alkohol wirkt belebend. Es ist wichtig, einen guten Espresso dafür zu verwenden.

Cosmopolitan

1934 erfunden – erfrischt heute in Bars in aller Welt

Für 1 Martinikelch (120 ml)

5 cl Zitronenwodka (s. S. 18)
1,5 cl Orangenlikör (am besten Cointreau)
1 cl frisch gepresster Limettensaft
3 cl Cranberrynektar (nach Belieben)

Für die Deko:

1 Bio-Orangenzeste

Außerdem:

Cocktailshaker
Eiswürfel
Hawthorne-Sieb
Teesieb
Gasfeuerzeug

1 Zitronenwodka, Orangenlikör und Limettensaft sowie nach Belieben den Cranberrynektar in den Shaker geben. Diesen mit Eiswürfeln auffüllen, fest verschließen und sofort ca. 15 Sek. kräftig schütteln.

2 Das Hawthorne-Sieb auf den Shaker setzen und dessen Inhalt durch das Teesieb in den gefrosteten Martinikelch gießen.

3 Das Feuerzeug über das Glas halten und anzünden. Über einer kleinen Flamme die Orangenzeste mehrmals knicken, sodass die ätherischen Öle karamellisieren und sich als Film auf den Cocktail legen (s. auch Tipp S. 77). Den Drink mit der Zeste dekorieren und sofort servieren.

Martinez

der Großvater der trockenen Martini-Cocktails

Für 1 Nick & Nora Glas (120 ml)

6 cl süßer Wermut (z. B. Cocchi Vermouth di Torino)
3 cl Old Toms Gin (ersatzweise Old Genever; s. Tipp S. 48)
1 TL Maraschino (farbloser Kirschlikör)
2 Spritzer Angostura Bitters

Für die Deko:

1 Bio-Zitronenzeste

Außerdem:

Rührglas
Eiswürfel
Barlöffel
Julep-Sieb

1 Wermut, Gin, Maraschino und Angostura Bitters in das Rührglas geben. Reichlich Eiswürfel dazugeben und mit dem Barlöffel umrühren, bis das Glas beschlagen ist.

2 Den Inhalt des Rührglases durch das Julep-Sieb in das gefrostete Nick & Nora Glas gießen.

3 Die Zitronenzeste über dem Glas mehrmals knicken, sodass die ätherischen Öle in den Drink sprühen. Die Zeste mit der Außenseite nach oben mit ins Glas geben und den Cocktail sofort servieren.

Clever informiert: Wermut

Wermut ist mit Kräutern und Gewürzen aromatisierter Wein. Bereits in der Antike sagte man infundiertem Wein Gesundheits- und Heilwirkungen nach. Im Prinzip sind die Kräuter und Gewürze beliebig; zwingend enthalten sein muss nur Wermutkraut. Auch aus Gründen der Haltbarkeit wird dem Weißwein, der jeweils die Basis bildet, Alkohol zugesetzt – häufig Cognac. Es gibt trockene und süße Wermutsorten. Der Geschmack hängt auch von den Trauben des Grundweins ab und variiert je nachdem stark. Zugesetzter Zucker dämpft die Bitterstoffe und erzeugt den unverwechselbaren bittersüßen Geschmack. Karamell gibt süßen Sorten ihre Bernsteinfarbe. Aus der Gegend um Turin kommen die bekanntesten und für Cocktails am besten geeigneten süßen Wermutsorten. Spanien, das eine ausgeprägte und experimentierfreudige Wermutkultur hat, bietet viele neue Varianten. Auch die USA, Australien und Deutschland produzieren hervorragenden Wermut.

Pisco Sour

Wer hat's erfunden? Chile? Peru?

Für 1 Old-Fashioned-Glas (200 ml)

6 cl Pisco (Weinbrand)
3 cl frisch gepresster Limettensaft
1,5 cl Zuckersirup (s. S. 16)
½ sehr frisches Eiweiß (M)

Für die Deko:

einige Tropfen Angostura Bitters
(ersatzweise Amargo Chuncho Bitters)

Außerdem:

Cocktailshaker
Eiswürfel
Hawthorne-Sieb
Teesieb
1 Zahnstocher

1 Den Pisco zusammen mit Limettensaft und Zuckersirup sowie das Eiweiß (ohne Eis) in den Shaker geben. Diesen fest verschließen und ca. 30 Sek. kräftig schütteln.

2 Nun den Shaker mit Eiswürfeln auffüllen, verschließen und sofort ca. 15 Sek. kräftig schütteln. Hawthorne-Sieb auf den Shaker setzen, dessen Inhalt durch das Teesieb in das gefrostete Old-Fashioned-Glas gießen.

3 Die Mitte der Schaumkrone mit einem Kreis aus einigen Tropfen Angostura Bitters verzieren. Mit dem Zahnstocher die Punkte in einer schnellen Bewegung ringsum verbinden und den Cocktail sofort servieren.

Amaretto Sour

Mandelaroma und Schaumkrone - eine Sensation

Für 1 Cocktailglas (140 ml)

4,5 cl Amaretto
2,5 cl Bourbon Whiskey (ersatzweise Cognac)
3 cl frisch gepresster Zitronensaft
1 TL Zuckersirup (s. S. 16)
½ sehr frisches Eiweiß (M)

Für die Deko:

1 Maraschino-Kirsche
1 Bio-Zitronenzeste

Außerdem:

Cocktailshaker
Eiswürfel
Hawthorne-Sieb
Teesieb

1 Amaretto, Bourbon Whiskey, Zitronensaft, Zuckersirup und das Eiweiß (ohne Eis) in den Shaker geben. Diesen verschließen und ca. 30 Sek. kräftig schütteln.

2 Nun den Shaker mit Eiswürfeln auffüllen, verschließen und sofort ca. 15 Sek. kräftig schütteln. Das Hawthorne-Sieb auf den Shaker setzen, dessen Inhalt durch das Teesieb in das gefrostete Cocktailglas gießen.

3 Die Maraschino-Kirsche in den Drink geben. Die Zitronenzeste über dem Glas mehrmals knicken, sodass die ätherischen Öle in den Drink sprühen. Die Zeste in den Drink geben und diesen sofort servieren.

Picon
Punch

prickelnd und leicht bitter – eine Erfrischung für tropische Nächte

Für 1 Highball-Glas (250 ml)

7 cl Amer Picon (Orangenaperitif)
1 TL Grenadine (Sirup mit Granatapfelsaft)
2 Spritzer Orange Bitters (nach Belieben; s. S. 18)
eiskaltes Mineralwasser mit Kohlensäure
2 cl Brandy

Für die Deko:

1 Bio-Orangenzeste

Außerdem:

Eiswürfel
Barlöffel

1 Das gefrostete Highball-Glas mit Eiswürfeln füllen. Picon und Grenadine sowie nach Belieben Orange Bitters dazugeben und mit dem Barlöffel umrühren.

2 Das Glas fast bis zum Rand mit Mineralwasser auffüllen und nochmals kurz umrühren.

3 Den Brandy über den Rücken des Barlöffels langsam als getrennte Schicht auf die Oberfläche des Drinks laufen lassen.

4 Die Orangenzeste über dem Glas mehrere Male knicken, sodass die ätherischen Öle in den Drink sprühen, die Zeste aber nicht ins Glas geben. Den Cocktail sofort servieren.

Clever informiert: Amer Picon

Die Originalrezeptur des bitteren Orangenaperitifs Amer Picon aus dem Jahre 1837 ist in mehreren Schritten verändert worden. 1964 wurde der Alkoholgehalt von ursprünglich etwa 30 auf 21 % verringert. Ein weiteres Produkt aus dem Hause Picon, das Picon Bière, hat sogar nur 18 %. Diese Veränderungen verfälschen eigentlich jedes historische Cocktailrezept mit Picon. Unser Rezept ist an das aktuelle Produkt angepasst und schmeckt damit hervorragend. Seit einigen Jahren produzieren manche Hersteller den Amer Picon wieder nach dem alten Rezept. Auch damit lohnt sich ein Versuch.

MODERN DRINKS

Seit den 1990er-Jahren bis heute dauert die Cocktail-Renaissance. Barkeeper befassen sich mit alten Rezepten, nicht mehr produzierte Spirituosen werden nachgeahmt, moderne Techniken halten Einzug. Vorreiter waren Bars wie Milk & Honey in New York, aber auch Schumann's Bar in München hat die American Bar wieder populär gemacht. Dieses Kapitel bringt Variationen alter Rezepte und junge Drinks, die heute im Trend liegen.

Cynar Julep

populärer Durstlöscher aus Argentinien

Für 1 Old-Fashioned-Glas (200 ml)

7 Blätter Minze
1,5 cl Zuckersirup (s. S. 16)
1 cl frisch gepresster Zitronensaft
6 cl Cynar (italienischer Artischockenlikör)
6 cl frisch gepresster Grapefruitsaft
eiskaltes Mineralwasser mit Kohlensäure

Für die Deko:

1 Stängel Minze (nach Belieben)

Außerdem:

Barlöffel | zerstoßenes Eis
1 Trinkhalm (nach Belieben)

1 Die Minzeblätter und, falls verwendet, den Minzestängel kalt abspülen, den Stängel trocken schütteln und beiseitelegen. Blätter zusammen mit Zuckersirup und Zitronensaft in das gefrostete Old-Fashioned-Glas geben und mit dem Barlöffel leicht andrücken.

2 Cynar und Grapefruitsaft dazugießen und mit dem Barlöffel umrühren. Das Glas bis zum Rand mit zerstoßenem Eis auffüllen, alles nochmals kurz umrühren und je nach Geschmack mit Mineralwasser auffüllen.

3 Nach Belieben den Drink mit dem Minzestängel und dem Trinkhalm dekorieren. Den Cocktail sofort servieren.

Gin Basil Smash

Rezept von 2008 aus dem legendären »Bitters Blog«

Für 1 Old-Fashioned-Glas (200 ml)

ca. 20 Basilikumblätter mit Stängel
2,5 cl frisch gepresster Zitronensaft
6 cl Gin
2 cl Zuckersirup (s. S. 16)

Für die Deko:

1 schöner Basilikumstängel (die Spitze)

Außerdem:

Cocktailshaker
Barstößel | Eiswürfel
Hawthorne-Sieb

1 Basilikumblätter und -stängel kalt abspülen, 1 Stängelspitze für die Deko trocken schütteln und beiseitelegen. Übrige Blätter samt Stängeln in den Shaker geben. Zitronensaft dazugeben und das Basilikum mit dem Barstößel fest andrücken, aber nicht zerstoßen.

2 Gin und Zuckersirup mit in den Shaker geben. Mit Eiswürfeln auffüllen, verschließen und sofort ca. 15 Sek. kräftig schütteln.

3 Das gefrostete Old-Fashioned-Glas mit Eiswürfeln füllen. Das Hawthorne-Sieb auf den Shaker setzen und dessen Inhalt durch das Teesieb in das Glas gießen.

4 Für die Deko den einzelnen Basilikumstängel auf den Handballen schlagen, dann ins Glas stecken. Den Cocktail sofort servieren.

1
2
3

Rubicon
Cocktail

komplexer Cocktail mit Rosmarin-Feuerwerk

Für 1 Old-Fashioned-Glas (200 ml)

2 Zweige Rosmarin
1 cl grüner Chartreuse
5 cl Gin
2 cl frisch gepresster Limettensaft
1 cl Maraschino (farbloser Kirschlikör)
1 cl Rosmarinsirup (s. S. 16)

Für die Deko:

1 schöne Rosmarinspitze

Außerdem:

Cocktailshaker
Eiswürfel
grüner Chartreuse im Zerstäuber
1 langes Streichholz
Hawthorne-Sieb (wahlweise)
Teesieb (wahlweise)
zerstoßenes Eis (wahlweise)

1 Die Rosmarinzweige kalt abspülen und trocken schütteln. Für die Deko 1 schöne Spitze abschneiden und beiseitelegen. Restlichen Rosmarin auf dem Boden des Old-Fashioned-Glases zu einem Kranz zusammenbiegen **(Bild 1)**. Chartreuse darüberträufeln und das Glas beiseitestellen.

2 Für den Drink Gin, Limettensaft, Maraschino und Rosmarinsirup in den Shaker geben. Diesen mit Eiswürfeln auffüllen, verschließen und sofort 15 Sek. kräftig schütteln.

3 Mit dem Streichholz oder einem Stabfeuerzeug und dem Chartreuse aus dem Zerstäuber den Rosmarinkranz im Glas flämmen **(Bild 2)** und dieses mit dem Rosmarin ausräuchern. Das Feuer sofort mit dem Inhalt des Shakers (ohne Sieb) mitsamt den Eiswürfeln löschen **(Bild 3)**; alternativ das Hawthorne-Sieb auf den Shaker setzen, den Inhalt durch das Teesieb in das Glas gießen und dieses mit zerstoßenem Eis auffüllen.

4 Für die Deko die Rosmarinspitze in den Drink stecken und nach Belieben mit dem Flambierbrenner kurz flämmen. Den Cocktail sofort servieren.

Blood and Sand

benannt nach einem Torero-Stummfilm von 1922

Für 1 Cocktailglas (140 ml)

3 cl Scotch Whisky (Blended oder Single Malt)
3 cl frisch gepresster Orangensaft
2 cl süßer Wermut
2 cl Kirschlikör (am besten
Heering Cherry Liqueur)

Für die Deko:

1 Bio-Orangenzeste

Außerdem:

Cocktailshaker
Eiswürfel
Hawthorne-Sieb
Teesieb

1 Scotch Whisky, Orangensaft, Wermut und Kirschlikör in den Shaker geben. Diesen mit Eiswürfeln auffüllen, fest verschließen und sofort ca. 15 Sek. kräftig schütteln.

2 Das Hawthorne-Sieb auf den Shaker setzen und dessen Inhalt durch das Teesieb in das gefrostete Cocktailglas gießen.

3 Die Orangenzeste über dem Glas mehrmals knicken, sodass die ätherischen Öle in den Drink sprühen. Die Zeste mit der Außenseite nach oben mit ins Glas geben und den Cocktail sofort servieren.

Smokey Matador
Cocktail

»Molekularversion« des Blood and Sand

Für 1 Old-Fashioned-Glas (200 ml)

3 cl rauchiger Scotch Whisky (z. B. Laphroaig 10 Jahre)
3 cl süßer Wermut
3 cl Orangenlikör (am besten Cointreau)
Sahnesiphon mit Tonka-Kirsch-Espuma (s. S. 19)

Außerdem:

Eiswürfel
Barlöffel

1 Das gefrostete Old-Fashioned-Glas mit Eiswürfeln füllen. Scotch Whisky, Wermut und Orangenlikör darübergießen und alles mit dem Barlöffel umrühren.

2 Den Sahnesiphon stark schütteln und den Tonka-Kirsch-Espuma großzügig auf die Oberfläche des Drinks spritzen. Den Cocktail sofort servieren.

Penicillin

erfunden im Milk & Honey in New York

Für 1 Old-Fashioned-Glas (200 ml)

2 cm Ingwer (ersatzweise 1 cl Ingwerlikör)
2 cl Honigsirup (s. S. 17)
4,5 cl Scotch Whisky
2 cl frisch gepresster Zitronensaft
1,5 cl rauchiger Scotch Whisky

Für die Deko:

2 Würfel kandierter Ingwer

Außerdem:

Cocktailshaker | Barstößel | Eiswürfel
Hawthorne-Sieb | Teesieb
Barlöffel | 1 Cocktailspießchen

1 Den Ingwer schälen, fein hacken und in den Shaker geben. Den Honigsirup dazugeben und den Ingwer mit dem Barstößel zerquetschen. Den Scotch Whisky (den rauchigen noch nicht) und den Zitronensaft dazugeben. Mit Eiswürfeln auffüllen, verschließen und sofort ca. 15 Sek. kräftig schütteln.

2 Das gefrostete Old-Fashioned-Glas mit Eiswürfeln füllen. Das Hawthorne-Sieb auf den Shaker setzen und dessen Inhalt durch das Teesieb in das Glas gießen.

3 Nun den rauchigen Scotch Whisky über den Barlöffel langsam auf den Drink laufen lassen. Die Ingwerwürfel auf das Spießchen stecken und diesen auf den Glasrand legen. Den Drink sofort servieren.

McKittrick Old Fashioned

herbstliche Variante des Old Fashioned

Für 1 Old-Fashioned-Glas (200 ml)

6 cl Bourbon Whiskey
1,5 cl Pedro Ximénez Sherry
2 Spritzer Mole Bitters (z. B. The Bitter Truth Chocolate)

Für die Deko:

1 Maraschino-Kirsche (s. S. 19)

Außerdem:

Rührglas | Eiswürfel
Barlöffel
1 klarer Eisblock passender Größe
Julep-Sieb
1 Cocktailspießchen

1 Den Bourbon Whiskey zusammen mit dem Sherry sowie dem Mole Bitters in das Rührglas geben. Reichlich Eiswürfel dazugeben und alles mit dem Barlöffel umrühren, bis das Glas beschlagen ist.

2 Eisblock in das gefrostete Old-Fashioned-Glas setzen und den Inhalt des Rührglases durch das Julep-Sieb darübergießen.

3 Die Maraschino-Kirsche auf das Spießchen stecken und dieses auf den Glasrand legen. Den Cocktail sofort servieren.

Spezi di Modena

mit Zitrone und Aceto herrlich erfrischend

Für 1 Highball-Glas (350 ml)

5 cl Bourbon Whiskey
2 cl frisch gepresster Zitronensaft
1,5 cl Balsamico-Sirup (s. S. 17)
eiskaltes Ingwerbier zum Auffüllen (s. Tipp)

Für die Deko:

½ Bio-Orangenscheibe

Außerdem:

Cocktailshaker | Eiswürfel
Hawthorne-Sieb
Teesieb | Barlöffel

1 Bourbon Whiskey, Zitronensaft und Balsamico-Sirup in den Shaker geben. Diesen mit Eiswürfeln auffüllen, fest verschließen und sofort ca. 15 Sek. kräftig schütteln.

2 Das gefrostete Highball-Glas mit Eiswürfeln füllen. Das Hawthorne-Sieb auf den Shaker setzen und dessen Inhalt durch das Teesieb in das Glas gießen. Dieses mit Ingwerbier auffüllen und alles mit dem Barlöffel kurz umrühren. Die Orangenscheibe auf den Cocktail geben und diesen sofort servieren.

Clever informiert: Ingwerbier

Ingwerbier, nicht zu verwechseln mit Ginger Ale (s. S. 119), ist ein Erfrischungsgetränk mit Kohlensäure, viel Zucker und kräftigem Ingweraroma. In den USA enthielt Ingwerbier früher bis zu 11 % Alkohol; heute ist es meist alkoholfrei.

Charles Carroll Cocktail

Nesthäkchen der Familie der Brooklyn-Cocktails

Für 1 Nick & Nora Glas (120 ml)

5 cl Rye Whiskey (Roggenwhiskey)
2 cl süßer Wermut (z. B. Cocchi Dopo Teatro Vermouth Amaro)
1 cl Rhabarberlikör (z. B. Rabarbaro Zucca)
1 TL Chinato (aromatisierter Wein; z. B. Mancino Chinato)
2 Spritzer Angostura Bitters

Für die Deko:

1 Bio-Orangenzeste

Außerdem:

Rührglas
Eiswürfel
Barlöffel
Julep-Sieb

1 Rye Whiskey, Wermut und Rhabarberlikör sowie Chinato und Angostura Bitters in das Rührglas geben. Reichlich Eiswürfel dazugeben und mit dem Barlöffel umrühren, bis das Glas beschlagen ist. Den Inhalt des Rührglases durch das Julep-Sieb in das gefrostete Nick & Nora Glas gießen.

2 Die Orangenzeste über dem Glas mehrmals knicken, sodass die ätherischen Öle in den Drink sprühen. Die Zeste an den Glasrand stecken und den Cocktail sofort servieren.

John Lee Hooker

moderner Drink mit Bier … und mit Musik drin

Für 1 Highball-Glas (250 ml)

5 cl Bourbon Whiskey
3 cl mit Zimt infundierter Agavendicksaft (s. Tipp)
1,5 cl frisch gepresster Zitronensaft
2 Spritzer Sarsaparilla Dry Bitters
eiskaltes Double IPA Beer zum Auffüllen (z. B. Hop Stoopid Ale von Lagunitas)

Für die Deko:

1 Bio-Orangenzeste

Außerdem:

Cocktailshaker
Eiswürfel
rauchiger Scotch Whisky im Zerstäuber (nach Belieben)
Hawthorne-Sieb
Teesieb
Barlöffel

1 Bourbon Whiskey, Zimt-Agavendicksaft, Zitronensaft und Bitters in den Shaker geben. Diesen mit Eiswürfeln auffüllen, verschließen und sofort ca. 15 Sek. kräftig schütteln.

2 Das gefrostete Highball-Glas nach Belieben innen mit Scotch Whisky aus dem Zerstäuber aussprühen, dann dieses bis zum Rand mit Eiswürfeln füllen.

3 Das Hawthorne-Sieb auf den Shaker setzen und dessen Inhalt durch das Teesieb ins Glas gießen.

4 Das Glas mit dem Bier nicht ganz auffüllen und mit dem Barlöffel kurz umrühren. Den Shaker mit etwas Bier ausschwenken und dieses zum Drink geben. Nach Belieben die Oberfläche des Drinks und den Rand des Glases mit rauchigem Scotch Whisky aus dem Zerstäuber besprühen.

5 Die Orangenzeste über dem Glas mehrmals knicken, sodass die ätherischen Öle in den Drink sprühen. Die Zeste ins Glas geben und den Cocktail sofort servieren.

Clever informiert: Agavendicksaft

Agavendicksaft ist intensiv süß und harmoniert natürlich gut mit den Agave-Spirituosen Tequila und Mezcal. Um den Cocktail mit weiteren Geschmacksnuancen zu verfeinern, wird hier **mit Zimt infundierter Agavendicksaft** verwendet. Dafür ½ Zimtstange zerbrechen und über Nacht in 100 ml Agavendicksaft einlegen. Dann durch ein nicht zu feines Sieb gießen. Längeres Infundieren verstärkt das Aroma.
Das Rezept für diesen Drink ist inspiriert von dem Song »One Bourbon, one Scotch, one Beer« von John Lee Hooker.

Ichigo Ichie

Cocktail mit japanischem Reiswein

Für 1 Old-Fashioned-Glas (200 ml)

4 cl süßer Wermut
3 cl Sake (Reiswein)
2 cl Gin

Für die Deko:

1 Bio-Orangenzeste
1 Bio-Zitronenzeste

Außerdem:

Eiswürfel | Barlöffel

1 Das gefrostete Old-Fashioned-Glas mit Eiswürfeln füllen. Wermut und Sake sowie den Gin darübergießen und alles mit dem Barlöffel umrühren.

2 Orangen- und Zitronenzeste über dem Glas mehrmals knicken, sodass die ätherischen Öle hineinsprühen. Die Zesten mit ins Glas geben und den Cocktail sofort servieren.

Clever informiert: Sake

Der Poliergrad des verwendeten Reises bestimmt den Geschmack des Sake. Im Gegensatz zu den meisten Spirituosen wird dieser mithilfe eines Hefepilzes in einem mehrstufigen Verfahren fermentiert und nicht destilliert. Er hat nur 15–20 % Alkohol. Taruzake Sake wird in Zedernholzfässern ausgebaut – eine spannende, dem europäischen Gaumen unvertraute Geschmackswelt. Ichigo Ichie heißt bei der japanischen Teezeremonie so viel wie »den Gast auf Anhieb glücklich machen«.

Ready Fire Aim

ein Cocktail mit rauchigem Mezcal

Für 1 Cocktailglas (140 ml)

5 cl Mezcal
3 cl Ananas-Honig-Pfeffer-Sirup (s. S. 17)
2 cl frisch gepresster Ananassaft
1,5 cl frisch gepresster Limettensaft
3 Spritzer Hella Bitters Aromatic

Für die Deko:

½ TL rosa Pfefferkörner

Außerdem:

Cocktailshaker
Eiswürfel
Hawthorne-Sieb
Teesieb
Pfeffermühle

1 Mezcal und Ananas-Honig-Pfeffer-Sirup, Ananas- und Limettensaft sowie Hella Bitters Aromatic in den Shaker geben. Diesen mit Eiswürfeln auffüllen, fest verschließen und sofort ca. 15 Sek. kräftig schütteln.

2 Das Hawthorne-Sieb auf den Shaker setzen und dessen Inhalt durch das Teesieb in das gefrostete Cocktailglas gießen.

3 Die rosa Pfefferkörner grob über den Drink mahlen und diesen sofort servieren.

HIGHBALLS

Was früher ein Longdrink war, heißt heute Highball – grob gesprochen. Diesen Typ Drink kann man schnell und in großer Anzahl mixen, was für Gast und Gastgeber bzw. Barkeeper sehr angenehm sein kann. Manche jüngere Bars bieten sogar nur noch Highballs an. Alkoholfreie oder -arme »Füller« geben Highballs Volumen und löschen den Durst – sehr praktisch, denn Alkohol entzieht dem Körper Flüssigkeit.

Apfelstrudel
Highball

Drink mit Dreierlei vom Apfel

Für 1 Highball-Glas (350 ml)

5 cl Wodka mit Bisongras (z. B. Grasovka)
1 cl Zuckersirup (s. S. 16)
naturtrüber Apfelsaft zum Auffüllen (Rezept siehe unten)

Für die Deko:

1 frische Bio-Apfelspalte
1 Soft-Apfelchip
1 getrockneter Apfelring
1 Stück Zimtstange

Außerdem:

Eiswürfel
Barlöffel
1 Trinkhalm
Gewürzreibe

1 Das gefrostete Highball-Glas mit Eiswürfeln füllen. Den Wodka und den Zuckersirup darübergießen. Mit Apfelsaft auffüllen und mit dem Barlöffel umrühren.

2 Apfelspalte, Apfelchip und Apfelring jeweils mit einem passenden Loch versehen und auf den Trinkhalm stecken. Das Ganze auf den Cocktail setzen.

3 1 großzügige Prise Zimt frisch über den Cocktail reiben und diesen sofort servieren.

Apfelsaft frisch gepresst

Für ca. 400 ml Apfelsaft | **2 süß- oder feinsäuerliche Äpfel** wie Braeburn, **2 säuerliche Äpfel** wie Granny Smith und **1 süßen oder würzigen Apfel** wie Golden Delicious (zusammen ca. 750 g) waschen, ohne Kerngehäuse zerkleinern und zusammen mit **2 TL Zitronensäure** mit einem Entsafter kalt entsaften. Oder im Standmixer sehr fein zermusen und durch ein Passiertuch filtern. Die Zitronensäure verhindert eine bräunliche Verfärbung des Safts.

Clever informiert: Bisongras-Wodka

Unter den Bezeichnungen Grasovka und Zubrowka ist polnischer Wodka aus Roggen im Handel, der mit dem aromatischen Mariengras (auch Büffel-, Bison- oder Süßgras genannt) infundiert ist. Häufig steckt zur Dekoration ein Halm von dem Gras in der Flasche.

Clever informiert: Apfelsaft

Ideal ist frisch gepresster oder wenige Stunden vor Verwendung hergestellter Saft. Für den Apfelstrudel Highball empfiehlt sich eine Mischung mehrerer Apfelsorten, da eine Sorte allein oft nicht die gewünschte Komplexität bieten kann. Viele sind ganzjährig erhältlich und lange lagerfähig.

Moscow Mule

… hat Wodka in den USA beliebt gemacht

Für 1 Kupferbecher (350 ml)

½ Bio-Limette
5 cl Wodka
eiskaltes Ingwerbier zum Auffüllen

Für die Deko:

1 Stängel Minze (nach Belieben)

Außerdem:

Barstößel
Eiswürfel
Barlöffel

1 Die Limette heiß waschen und abtrocknen, die Enden abschneiden. Die Frucht halbieren und den bitteren weißen Strang in der Mitte entfernen. 1 Limettenhälfte vierteln. Gegebenenfalls den Minzestängel für die Deko kalt abspülen, trocken schütteln und beiseitelegen.

2 In den gefrosteten Kupferbecher 3 Limettenachtel geben und mit dem Barstößel zerquetschen. Den Becher mit Eiswürfeln füllen, den Wodka darübergießen und alles mit dem Barlöffel umrühren. Mit Ingwerbier auffüllen und mit dem Barlöffel nochmals kurz umrühren.

3 Nach Belieben den Minzestängel in den Drink stecken. Diesen sofort servieren.

Wodka Lemon
mit Lemon Wodka

macht locker für den heißen Abend

Für 1 Highball-Glas (350 ml)

5 cl Zitronenwodka (s. S. 18)
2 cl frisch gepresster Zitronensaft
2 cl Zuckersirup (s. S. 16)
eiskaltes Mineralwasser mit Kohlensäure

Für die Deko:

1 Bio-Zitrone
3 Spritzer Peychaud's Bitters
(ersatzweise Creole Bitters)

Außerdem:

Eiswürfel
Barlöffel

1 Für die Deko die Zitrone heiß waschen und abtrocknen. 1 schmale und lange Zeste in einem Stück spiralig abschneiden.

2 Das gefrostete Highball-Glas mit Eiswürfeln füllen. Zitronenwodka und Zitronensaft sowie Zuckersirup darübergießen und mit dem Barlöffel umrühren. Mit Mineralwasser auffüllen und nochmals kurz umrühren.

3 Die Zestenspirale auf den Drink legen oder an den Glasrand hängen. Peychaud's Bitters hinzufügen und den Drink sofort servieren.

Cuba Libre

Rum plus Cola plus Kultfaktor

Für 1 Highball-Glas (350 ml)

½ Bio-Limette
3 cl weißer Rum
2 cl brauner Rum
2 Spritzer Hellfire Bitters
eiskaltes Coca-Cola zum Auffüllen

Außerdem:

Eiswürfel
Barlöffel

1 Die Limette heiß waschen und abtrocknen, die Enden abschneiden. Die Frucht halbieren und den bitteren weißen Strang in der Mitte entfernen. 1 Limettenhälfte vierteln.

2 Das gefrostete Highball-Glas mit Eiswürfeln füllen. Beide Sorten Rum sowie Hellfire Bitters dazugeben und mit dem Barlöffel umrühren. 3 Limettenachtel über dem Glas ausdrücken und hineingeben.

3 Den Drink mit Coca-Cola auffüllen, nochmals kurz umrühren und sofort servieren.

Clever vorbereitet

Wer zu Hause eine Cocktailparty gibt, hat oft im Kühlschrank nicht genug Platz. In Highballs macht der Füller bis zu 75 % der Flüssigkeit aus. Daher sollten Sie in jedem Fall anstelle der Spirituosen **die Füller kühlen.** Sonst schmelzen die Eiswürfel im Glas zu schnell und verwässern den Drink.

Dark ’n Stormy

… ist der Himmel vor dem Sommergewitter

Für 1 Old-Fashioned-Glas (200 ml)

½ Bio-Limette
eiskaltes (!) Ingwerbier zum Auffüllen (s. Tipp S. 104)
5 cl Goslings Bermuda Rum (40 %)

Außerdem:

Eiswürfel
Barlöffel
2 Trinkhalme

1 Die Limette heiß waschen und abtrocknen, die Enden abschneiden. Die Frucht halbieren und den bitteren weißen Strang in der Mitte entfernen. 1 Limettenhälfte vierteln.

2 Das gefrostete Old-Fashioned-Glas mit Eiswürfeln füllen. 3 Limettenachtel darüber ausdrücken und hineingeben. Mit Ingwerbier das Glas etwa zu zwei Dritteln auffüllen und mit dem Barlöffel kurz umrühren.

3 Den Rum über den Rücken des Barlöffels langsam als getrennte Schicht auf den Drink laufen lassen. Den Drink sofort mit den Trinkhalmen servieren. Vor dem Trinken langsam spielerisch umrühren (s. Tipp).

Clever informiert

Der Dark ’n Stormy ist das Nationalgetränk der Bermudas. Der dunkle Rum über dem Ingwerbier symbolisiert die dunklen Wolken über dem hellen Strand. Wenn man mit dem Halm umrührt, kann man den Sommersturm im Glas beobachten.

Paloma

Hibiskussalz bringt den Extrakick

Für 1 Highball-Glas (350 ml)

½ Bio-Limette
6 cl Tequila Blanco (ersatzweise Reposado)
1 Prise Hibiskussalz (ersatzweise Meersalz)
eiskaltes Grapefruitsoda

Für die Deko:

2 EL Hibiskussalz (ersatzweise Meersalz)
1 Limettenschnitz

Außerdem:

Untertasse | Eiswürfel | Barlöffel

1 Die Limette heiß waschen und abtrocknen, die Enden abschneiden. Die Frucht halbieren und den bitteren weißen Strang in der Mitte entfernen. 1 Limettenhälfte vierteln.

2 Das Hibiskussalz auf die Untertasse häufen. Mit dem Limettenschnitz den Rand des Highball-Glases außen ca. 1 cm breit anfeuchten, dann im Salz drehen; ca. 4 cm frei lassen, damit man beim Nippen den Geschmack variieren kann. Loses Salz abschütteln, das Glas ins Tiefkühlfach stellen.

3 Für den Drink das Glas mit Salzrand mit Eiswürfeln füllen und den Tequila darübergießen. Die 4 Limettenachtel darüber ausdrücken und hineingeben. 1 Prise Salz dazugeben und den Drink mit Grapefruitsoda auffüllen. Mit dem Barlöffel umrühren und den Cocktail sofort servieren.

Horse's Neck

mit »Pferdehals« aus Zitronenschale

Für 1 Highball-Glas (350 ml)

5 cl Bourbon Whiskey
2 Spritzer Angostura Bitters
eiskaltes Ginger Ale zum Auffüllen

Für die Deko:

1 Bio-Zitrone

Außerdem:

Eiswürfel | Barlöffel

1 Für die Deko die Zitrone heiß waschen und abtrocknen. 1 schmale und sehr lange Zeste in einem Stück spiralig abschneiden.

2 Das gefrostete Highball-Glas mit Eiswürfeln füllen. Bourbon Whiskey und Angostura Bitters dazugeben und mit dem Barlöffel umrühren. Mit Ginger Ale auffüllen und nochmals kurz umrühren.

3 Die Zestenspirale im Glas drapieren und mit einem Ende etwas über das Glas ragen lassen. Den Cocktail sofort servieren.

Clever variieren

Der Horse's Neck schmeckt auch ganz ausgezeichnet mit **Cognac** und **Ingwerbier** statt Whiskey und Ginger Ale.

Clever informiert: Ginger Ale

Wie Ingwerbier ist Ginger Ale eine Bitterlimonade mit Ingwergeschmack. Ginger Ale ist klar und weniger scharf, da es meist weniger Ingwer enthält.

Gin Tonic

zeitlos und immer angesagt – der berühmteste Sundowner unter der Sonne

Für 1 Highball-Glas (350 ml)

1 klarer Eisblock passender Größe
5 cl Gin
eiskaltes Tonic Water zum Auffüllen

Für die Deko:

1 Bio-Limettenschnitz (nach Belieben; ersatzweise 1 Bio-Zitronenschnitz oder 1 Scheibe Salatgurke)

Außerdem:

Barlöffel

1 Den Eisblock in das gefrostete Highball-Glas setzen. Den Gin darübergießen.

2 Das Glas mit Tonic Water auffüllen und den Drink mit dem Barlöffel kurz umrühren.

3 Den Drink nach Belieben mit 1 Limetten- oder 1 Zitronenschnitz oder auch mit 1 Scheibe Salatgurke servieren; die klassische Version hat jedoch keinerlei Deko. Den Cocktail sofort servieren.

Spanische Variante: Gin Tonica

Für 1 bauchiges großes Glas (350 ml) | Das gefrostete Glas mit **Eiswürfeln** füllen und **5 cl Gin** darübergießen. Zum Auffüllen **eiskaltes Tonic Water** am Stiel des Barlöffels entlang auf den Drink laufen lassen. Je nach den zugesetzten Aromen im Gin (»Botanicals«) nach Geschmack und Belieben zum Beispiel Wacholderbeeren, Grapefruit-Zeste, rosa Pfefferkörner oder Sternanis in den Drink geben und diesen sofort servieren.

Clever variieren

Für einen **alkoholfreien Gin Tonic** statt Gin einfach Seedlip verwenden. Dies ist sozusagen ein alkoholfreier Gin und eigens als Cocktailzutat konzipiert. Seedlip ist derzeit nur aus England zu beziehen (Bezugsadresse s. S. 126).

Die Drink-Erfinder

Die folgenden neueren Drink-Kreationen stammen von dem jeweils angegebenen Urheber und aus der genannten Lokalität.

Amaretto Sour: Version von Jeffrey Morgenthaler, *Clyde Common,* Portland (S. 91)

Charles Carroll Cocktail: Nelly Richter (S. 105)

Gin Basil Smash: Jörg Meyer, *Le Lion Bar,* Hamburg (S. 97)

John Lee Hooker: Greg Seider, *Summit Bar,* New York City (S. 107)

McKittrick Old Fashioned: Theo Lieberman, *Lantern's Keep,* New York City (S. 103)

Oaxaca Old Fashioned: Philip Ward, *Death & Co,* New York City (S. 39)

Penicillin: Sam Ross, *Milk & Honey,* New York City (S. 102)

Ready Fire Aim: Steve Schneider, *Employees Only,* New York City (S. 109)

Rubicon Cocktail: Jamie Boudreau, *Canon,* Seattle (S. 99)

Smokey Matador Cocktail: Franzi Schulz, *Bar Gabányi,* München (S. 101)

Spezi di Modena: Daniel Richter, *Salon Irkutsk,* München (S. 104)

Bezugsquellen

Cocktail- und Barequipment
www.cocktailian.de
www.cocktailkingdom.de
www.barstuff.de

Spirituosen & Cocktailzutaten
www.barfish.de
www.rumundco.de
www.seedlipdrinks.com
www.uvinum.de

Treffpunkt der Branche, neueste Trends
www.barconvent.com (Internationale Bar- und Getränkemesse, jährlich in Berlin)

Appetit auf mehr?

ISBN 978-3-8338-4123-1

ISBN 978-3-8338-5563-4

ISBN 978-3-8338-5328-9

ISBN 978-3-8338-4475-1

ISBN 978-3-8338-4177-4

ISBN 978-3-8338-4121-7

Alle hier vorgestellten Bücher sind auch als eBook erhältlich.

GU
Willkommen im Leben.

Mehr von GU auf **www.gu.de** und
facebook.com/gu.verlag

Daniel Richter beendete mit 35 Jahren seine Bankerkarriere, um sich seiner Leidenschaft Gastronomie und Trinkkultur zu widmen. Er betreibt eine Kunstkneipe in München und plant eine weitere Bar mit dem Schwerpunkt Wermut (siehe in Facebook unter »Vermouth – a Bitter Sweet Symphony«). 2015 besuchte er 27 der Top-50-Bars der Welt. Von London und New York über Tokio, Singapur, Hongkong und Shanghai bis nach Australien und Skandinavien knüpfte er Kontakte, studierte Barkonzepte und Drinkrezepte.

Jörn Rynio lebt und arbeitet als Fotograf in Hamburg. Zu seinen Auftraggebern gehören nationale und internationale Zeitschriften, namhafte Buchverlage und Werbeagenturen. Unterstützt wurde Jörn Rynio von Michaela Suchy (Propstyling), Rainer Meidinger und Lukas Baseda (Foodstyling).

Syndication: www.seasons.agency. Ein Unternehmensbereich der StockFood GmbH

Titelbild: Jan C. Brettschneider, Hamburg

Konzept und Projektleitung: Monika Greiner

Lektorat und Satz:
Knipping Werbung GmbH, Berg am Starnberger See

Korrektorat: Ulrike Wagner, Regensburg

Layout und Umschlaggestaltung:
independent MedienDesign, Horst Moser, München

Herstellung: Markus Plötz

Reproduktion: Longo AG, Bozen

Druck und Bindung: Werbedruck Schreckhase, Spangenberg

ISBN 978-3-8338-5826-0

1. Auflage 2017

GRÄFE UND UNZER

Ein Unternehmen der
GANSKE VERLAGSGRUPPE

QUALITÄTS G|U GARANTIE

DIE GU-QUALITÄTS-GARANTIE

Wir möchten Ihnen mit den Informationen und Anregungen in diesem Buch das Leben erleichtern und Sie inspirieren, Neues auszuprobieren. Alle Informationen werden von unseren Autoren gewissenhaft erstellt und von unseren Redakteuren sorgfältig ausgewählt und mehrfach geprüft. Deshalb bieten wir Ihnen eine 100%ige Qualitätsgarantie. Sollten wir mit diesem Buch Ihre Erwartungen nicht erfüllen, lassen Sie es uns bitte wissen! Wir tauschen Ihr Buch jederzeit gegen ein gleichwertiges zum gleichen oder ähnlichen Thema um. Wir freuen uns auf Ihre Rückmeldung, auf Lob, Kritik und Anregungen, damit wir für Sie immer besser werden können.

GRÄFE UND UNZER Verlag
Leserservice
Postfach 86 03 13
81630 München
E-Mail:
leserservice@graefe-und-unzer.de

Telefon: 00800 / 72 37 33 33*
Telefax: 00800 / 50 12 05 44*
Mo–Do: 9.00 – 17.00 Uhr
Fr: 9.00 – 16.00 Uhr
(gebührenfrei in D, A, CH)*

Ihr GRÄFE UND UNZER Verlag
Der erste Ratgeberverlag – seit 1722.

KV

www.facebook.com/gu.verlag